Sharon D. Williams
Alexander Garcia

Les mondes quantiques : La révolution de l'informatique et comment elle façonne notre avenir

Sharon D. Williams
Alexander Garcia

Les mondes quantiques : La révolution de l'informatique et comment elle façonne notre avenir

ISBN : 978-3-68904-356-8 (livre de poche)
ISBN : 978-3-68904-363-3 (livre électronique)

Copyright : Bremen University Press, Brême, 2024.
L'utilisation du manuscrit, en tout ou en partie, sans l'accord écrit préalable de la maison d'édition est interdite.

Première édition
Avril 2024
Version 1.0
Imprimé dans l'Union européenne
bup@bremenuniversitypress.com
www.bremenuniversitypress.com

Sharon D. Williams
Alexander Garcia

Les mondes quantiques : La révolution de l'informatique et comment elle façonne notre avenir

Aperçu

INTRODUCTION 4

PRINCIPES DE BASE DE L'INFORMATIQUE QUANTIQUE 16

ORDINATEURS CLASSIQUES VS. ORDINATEURS QUANTIQUES 52

LE DÉVELOPPEMENT DES ORDINATEURS QUANTIQUES 63

LE DÉVELOPPEMENT DES PREMIERS ALGORITHMES QUANTIQUES 73

DÉVELOPPEMENT DU MATÉRIEL QUANTIQUE 76

COMMUNICATION ET CRYPTOGRAPHIE QUANTIQUES 90

DOMAINES D'APPLICATION DES ORDINATEURS QUANTIQUES 106

L'AVENIR DES ORDINATEURS QUANTIQUES 120

Table des matières

INTRODUCTION **4**

CONCEPTS DE BASE 9
BITS QUANTIQUES (QUBITS) 9
FONCTIONNEMENT ET DÉFIS 10
DOMAINES D'APPLICATION ET POTENTIEL 11
BRÈVE HISTOIRE DES ORDINATEURS QUANTIQUES 12
LES ANNÉES 1980 : BASES THÉORIQUES 12
ANNÉES 1990 : PERCÉE DANS LES ALGORITHMES QUANTIQUES 13
ANNÉES 2000 : PREMIERS ORDINATEURS QUANTIQUES 14
ANNÉES 2010 : APPROCHE DE LA SUPÉRIORITÉ QUANTIQUE 14
PERSPECTIVES D'AVENIR 14

PRINCIPES DE BASE DE L'INFORMATIQUE QUANTIQUE **16**

LES QUBITS ET LEURS PROPRIÉTÉS 18
SUPERPOSITION 20
ENCHEVÊTREMENT 22
COHÉRENCE ET DÉCOHÉRENCE 33
COHÉRENCE 34
DÉCOHÉRENCE 35
CONTRÔLE DE LA DÉCOHÉRENCE 37
APPLICATIONS DE L'INTERFÉRENCE QUANTIQUE 47

ORDINATEURS CLASSIQUES VS. ORDINATEURS QUANTIQUES **52**

PRINCIPES DE TRAVAIL DE BASE 52
CAPACITÉ DE CALCUL ET DOMAINES D'APPLICATION 54
ÉVOLUTIVITÉ ET STABILITÉ 57
NIVEAU DE DÉVELOPPEMENT ET ACCESSIBILITÉ 60

LE DÉVELOPPEMENT DES ORDINATEURS QUANTIQUES — 63

Première phase de la recherche et bases théoriques — 63
Richard Feynman (1981) — 63
David Deutsch (1985) — 65
Peter Shor (1994) — 67
Lov Grover (1996) — 69

LE DÉVELOPPEMENT DES PREMIERS ALGORITHMES QUANTIQUES — 73

L'algorithme de Deutsch (1985) — 73
Algorithme Deutsch-Jozsa (1992) — 74
L'algorithme de Shor (1994) — 74
L'algorithme de Grover (1996) — 74
Importance des premiers algorithmes quantiques — 75
Supériorité quantique (2016) — 75

DÉVELOPPEMENT DU MATÉRIEL QUANTIQUE — 76

Qubits supraconducteurs — 76
Ions piégés — 78
Points quantiques — 79
Photons — 81
Centres NV en diamants — 83
Qubits topologiques — 86
Choix de la technologie — 88

COMMUNICATION ET CRYPTOGRAPHIE QUANTIQUES — 90

Cryptage quantique — 90
Internet quantique — 92
Systèmes quantiques évolutifs — 97
Algorithmes quantiques pour applications pratiques — 100
Démonstration de la supériorité quantique — 103

Le processeur Sycamore de Google	**103**

DOMAINES D'APPLICATION DES ORDINATEURS QUANTIQUES — **106**

Sciences des matériaux	106
Développement de nouveaux médicaments	107
Médecine personnalisée	110
Chimie	112
Résoudre des problèmes d'optimisation	113
Transport et logistique	114
Distribution d'énergie	114
Cryptographie et sécurité	115
Cryptage quantique	116
Menaces sur les méthodes de cryptage existantes	116
Finances	117
Analyse des risques	118
Optimisation du portefeuille	118

L'AVENIR DES ORDINATEURS QUANTIQUES — **120**

Développement de qubits de topologie	120
Progrès dans la correction d'erreurs quantiques	120
Révolution dans le traitement des données	121
De nouveaux champs de recherche grâce aux simulations quantiques	121
Commercialisation et applications industrielles	122
Coopération entre la science et l'industrie	124
Protection des données et sécurité	126
Éducation et marché du travail	127
Surmonter les barrières techniques	129
Développement de normes et de protocoles	130
Promotion de l'éducation et du développement des compétences	132
Conclusion	134

Introduction

L'informatique quantique est sur toutes les lèvres pour plusieurs raisons.

Ils représentent un progrès important dans la manière dont nous pensons le traitement des données et la technologie informatique et promettent des percées dans de nombreux domaines scientifiques et industriels. Contrairement au passé, elles ne sont plus l'apanage de chercheurs et de scientifiques hautement spécialisés. Au vu des applications attendues, qui peuvent influencer massivement de nombreux domaines de la vie de tous les êtres humains, il est temps de rédiger un ouvrage compréhensible par tous sur ce thème. L'informatique quantique nous concerne tous.

L'une des principales raisons du grand intérêt porté aux ordinateurs quantiques réside dans leur capacité théorique à résoudre des problèmes pratiquement insolubles pour les ordinateurs traditionnels. Il s'agit notamment de simulations complexes en physique, chimie et science des matériaux, de l'amélioration des algorithmes d'intelligence artificielle, de l'optimisation de grands systèmes, par exemple dans la logistique ou les modèles financiers, sans oublier la possibilité de briser les techniques de cryptage existantes. La capacité de découvrir et de développer plus rapidement de nouveaux médicaments en simulant plus précisément les interactions moléculaires est un autre exemple de l'immense potentiel des ordinateurs quantiques.

Enfin, la base des ordinateurs quantiques - la mécanique quantique - fascine par sa non-intuitivité et son défi à notre compréhension des lois de la nature. La mécanique quantique, l'un des piliers de la physique moderne, contredit par de nombreux aspects la physique classique descriptive, ce qui provoque un mélange de fascination et d'étonnement. L'application de ses principes à une technologie qui a le potentiel de transformer notre société suscite donc l'intérêt non seulement des spécialistes, mais aussi du grand public.

Dans l'ensemble, ce sont donc les possibilités révolutionnaires, les défis technologiques et les questions scientifiques profondes qui font que les ordinateurs quantiques suscitent autant d'intérêt.

L'idée que les ordinateurs quantiques sont déjà capables d'effectuer des calculs qui prendraient des milliers d'années au plus puissant des ordinateurs traditionnels marque un tournant dans le monde du traitement de l'information. Cette avance en termes de performances, dont les premiers ordinateurs quantiques ont déjà fait la démonstration dans des tâches spécialisées, souligne le potentiel de transformation de la technologie quantique. C'est un signal clair que nous sommes à l'aube d'un développement révolutionnaire qui offre à la fois d'immenses possibilités et des défis importants.

Le scénario exemplaire dans lequel un ordinateur quantique résout en quelques minutes une tâche qui prendrait des milliers d'années à un superordinateur classique illustre la capacité unique des ordinateurs quantiques à aborder les problèmes en exploitant les phénomènes quantiques tels que la superposition et l'intrication d'une manière inimaginable dans le monde classique. Cette capacité a le potentiel de révolutionner la recherche dans des domaines tels que la science des matériaux, le développement de médicaments, l'intelligence artificielle et bien d'autres, en offrant des possibilités entièrement nouvelles pour la modélisation de systèmes complexes et la résolution de problèmes d'optimisation.

Parallèlement, le développement progressif des ordinateurs quantiques soulève des questions importantes concernant la sécurité des systèmes cryptographiques existants, qui constituent l'épine dorsale de la sécurité numérique dans le monde. La possibilité de compromettre les méthodes de cryptage établies exige une révision proactive des protocoles de sécurité et le développement de nouvelles approches cryptographiques qui résistent aux attaques quantiques.

L'étude de l'informatique quantique est donc importante non seulement pour les scientifiques, les technologues et les acteurs industriels, mais aussi pour les responsables politiques, les experts en sécurité et, en fin de compte, pour la société dans son ensemble. L'éducation et la sensibilisation du public jouent un rôle important dans la compréhension des opportunités et des risques liés à cette technologie et dans la prise de décisions éclairées concernant son développement et son utilisation.

Nous sommes à l'aube d'une ère où les technologies quantiques ont le potentiel de changer fondamentalement notre monde. Il est essentiel que nous nous engagions sur cette voie avec une compréhension profonde de la technologie elle-même et une vision claire de ses implications potentielles. Le développement et la mise en œuvre des technologies quantiques ont nécessité une réflexion approfondie sur les aspects éthiques, sociétaux et de sécurité afin de s'assurer que cette technologie révolutionnaire soit utilisée pour le bien de l'humanité.

Les ordinateurs quantiques représentent un mode de traitement de l'information révolutionnaire qui diffère fondamentalement des ordinateurs classiques. Leur concept repose sur les principes de la mécanique quantique, une théorie qui décrit le comportement de la matière et de l'énergie aux échelles les plus petites de l'univers. Contrairement aux ordinateurs classiques, qui traitent les données sous forme de bits pouvant prendre l'état 0 ou 1, les ordinateurs quantiques utilisent des bits quantiques ou qubits. Un qubit peut exister non seulement dans les états 0 ou 1, mais aussi dans des superpositions d'états des deux, connues sous le nom de superposition. Cette capacité permet aux ordinateurs quantiques de représenter et de traiter simultanément un nombre énorme d'états possibles.

Un autre principe fondamental de l'informatique quantique est l'intrication, un phénomène par lequel des qubits dans un même état sont liés entre eux, de sorte que l'état d'un seul qubit peut immédiatement influencer l'état d'un autre, quelle que soit la distance qui les sépare. Cela permet un type de traitement parallèle inaccessible dans les systèmes classiques.

Grâce à ces caractéristiques, les ordinateurs quantiques peuvent potentiellement effectuer certains types de calculs beaucoup plus rapidement que leurs homologues classiques, notamment ceux qui concernent la factorisation de grands nombres, la simulation de systèmes quantiques et certains problèmes d'optimisation.

Cependant, les défis liés à la construction et à la mise à l'échelle des ordinateurs quantiques sont considérables. Les qubits sont extrêmement vulnérables aux perturbations extérieures, un phénomène connu sous le nom de décohérence, qui peut détruire leurs états quantiques. C'est pourquoi les ordinateurs quantiques nécessitent des températures extrêmement basses et des blindages spéciaux pour être opérationnels. Malgré ces défis, les chercheurs font des progrès constants et il existe déjà des ordinateurs quantiques fonctionnels avec un nombre limité de qubits, utilisés pour des recherches spécifiques et des applications expérimentales.

Les développements dans le domaine de l'informatique quantique pourraient avoir à long terme d'énormes répercussions dans de nombreux domaines, de la science des matériaux à la cryptographie en passant par la pharmacie. La capacité de résoudre des problèmes pratiquement insolubles pour les ordinateurs classiques ouvre de nouveaux horizons dans le domaine de la science et de la technologie. Mais il reste encore beaucoup de travail de recherche et de développement à accomplir avant que les ordinateurs quantiques ne soient prêts pour une utilisation à grande échelle.

Les ordinateurs quantiques représentent une rupture fondamentale avec les technologies informatiques traditionnelles en utilisant les principes de la mécanique quantique pour effectuer des tâches de traitement de données qui sont soit très longues, soit pratiquement impossibles pour les ordinateurs classiques. Ce nouveau type d'ordinateur utilise des bits quantiques ou qubits, au lieu des bits classiques, pour stocker et traiter des informations.

Nous vous emmenons dans l'histoire passionnante et l'avenir des ordinateurs quantiques, qui définiront bientôt notre vie à tous d'une manière que l'on ne peut qu'esquisser aujourd'hui.

Concepts de base

Bits quantiques (qubits)

Au cœur d'un ordinateur quantique se trouvent des qubits. Contrairement aux bits classiques, qui existent dans l'un des deux états possibles, 0 ou 1, les qubits peuvent, grâce au principe de superposition, être dans un état qui est une superposition à la fois de 0 et de 1. Cette capacité permet aux qubits de porter et de traiter plus d'informations que les bits classiques.

La superposition est un état dans lequel les qubits peuvent se trouver, et elle permet à un qubit de détenir simultanément différentes probabilités d'état 0 et 1. Lorsqu'un système de N qubits est en superposition, il peut représenter 2^N états différents simultanément, ce qui représente une augmentation exponentielle de la capacité de traitement de l'information par rapport à N bits classiques.

Un autre phénomène de la mécanique quantique utilisé dans les ordinateurs quantiques est l'intrication. Deux qubits ou plus peuvent exister dans un état d'intrication, dans lequel l'état d'un seul qubit détermine directement l'état des autres qubits impliqués, indépendamment de leur distance spatiale. L'intrication permet une coordination complexe et des calculs simultanés inaccessibles dans les systèmes classiques.

Les ordinateurs quantiques utilisent également le phénomène d'interférence quantique pour contrôler les probabilités des états de qubits, éliminant ainsi les résultats de calcul indésirables tout en renforçant les résultats souhaités.

Fonctionnement et défis

Les ordinateurs quantiques effectuent des calculs en manipulant des qubits et en utilisant les principes de superposition et d'intrication pour atteindre une énorme capacité de traitement parallèle. Les algorithmes quantiques, spécialement conçus pour exploiter ces propriétés, peuvent résoudre certains types de problèmes beaucoup plus efficacement que les meilleurs algorithmes connus pour les ordinateurs classiques.

L'un des principaux obstacles techniques au développement d'ordinateurs quantiques est la décohérence, un processus par lequel les états quantiques sensibles des qubits sont perturbés par leur interaction avec l'environnement, ce qui entraîne une perte d'informations quantiques. La réalisation de méthodes fiables de correction des erreurs quantiques et le développement de qubits stables, capables de rester plus longtemps dans leur état quantique, sont des domaines de recherche essentiels.

Domaines d'application et potentiel

Les ordinateurs quantiques offrent de nouvelles possibilités prometteuses dans de nombreux domaines.

Ils pourraient défier les systèmes de cryptage existants tout en favorisant le développement de nouvelles méthodes de cryptage quantique.

En simulant des molécules et des réactions chimiques, les ordinateurs quantiques pourraient faire des progrès révolutionnaires dans la découverte de nouveaux matériaux et médicaments.

Ils pourraient trouver des solutions plus efficaces à des problèmes d'optimisation complexes dans des domaines tels que la logistique, la fabrication et la finance.

L'avenir des ordinateurs quantiques est extrêmement prometteur, mais il est confronté à d'importants défis techniques et théoriques. Les progrès de la technologie quantique, le développement d'algorithmes quantiques et la levée d'obstacles techniques tels que la décohérence et la vulnérabilité aux erreurs seront essentiels pour libérer le plein potentiel des ordinateurs quantiques. À long terme, les ordinateurs quantiques pourraient non seulement transformer les paradigmes de calcul existants, mais aussi ouvrir de nouvelles voies dans la recherche et permettre des percées scientifiques jusqu'ici inimaginables.

Brève histoire des ordinateurs quantiques

L'histoire de l'informatique quantique est à la fois fascinante et complexe, marquée par des percées théoriques et des avancées expérimentales qui, ensemble, constituent le fondement de cette technologie révolutionnaire. Voici un aperçu de quelques-unes des principales étapes qui ont marqué le développement de l'informatique quantique :

Années 1980 : bases théoriques

En 1981, Richard Feynman suggère que les ordinateurs quantiques pourraient être utilisés pour simuler des systèmes physiques trop complexes pour les ordinateurs classiques. Feynman a identifié la difficulté inhérente à la simulation de systèmes quantiques par des moyens classiques et a fait valoir qu'une nouvelle approche basée sur la mécanique quantique était nécessaire.

En 1982, Paul Benioff décrit le concept d'une machine à turbine quantique, le fondement théorique de l'informatique quantique, qui montre que les systèmes quantiques pourraient être utilisés pour des calculs.

En 1985, David Deutsch développe l'idée et propose le formalisme de la machine de Turing quantique, qui pose les bases théoriques des ordinateurs quantiques. Il présente également le concept d'ordinateur quantique universel, capable d'exécuter n'importe quelle fonction calculable.

Années 1990 : Percée dans les algorithmes quantiques

En 1994, Peter Shor développe l'algorithme Shor, qui porte son nom, et qui montre qu'un ordinateur quantique peut factoriser de grands nombres de manière beaucoup plus efficace que les meilleurs algorithmes connus pour les ordinateurs classiques. Cette percée a des implications importantes pour la cryptographie, notamment pour la sécurité de nombreux systèmes de cryptage.

En 1996, Lov Grover développe l'algorithme Grover, qui effectue une recherche dans une base de données non triée quadratiquement plus vite que n'importe quel algorithme classique. Cela démontre la supériorité potentielle des ordinateurs quantiques pour certaines tâches de recherche.

Années 2000 : premiers ordinateurs quantiques

Au début des années 2000, des chercheurs commencent à construire les premiers ordinateurs quantiques capables d'exécuter des algorithmes quantiques simples. Ces premiers systèmes sont encore loin d'être utilisables dans la pratique, mais ils marquent des étapes techniques importantes.

Années 2010 : approche de la supériorité quantique

En 2019, Google annonce que son ordinateur quantique Sycamore a atteint la supériorité quantique en effectuant un calcul spécifique en 200 secondes, ce qui prendrait environ 10 000 ans au superordinateur le plus puissant du monde. Cette étape est considérée comme le début d'une nouvelle ère dans l'informatique quantique, bien que les applications pratiques soient encore lointaines.

Perspectives d'avenir

Aujourd'hui, la recherche se concentre principalement sur l'amélioration de la stabilité et de l'évolutivité des qubits, sur le développement d'ordinateurs quantiques tolérants aux pannes et sur la recherche d'applications pratiques pour les technologies quantiques. L'évolution des premières propositions théoriques jusqu'à la démonstration de la supériorité quantique montre à quel point la technologie informatique quantique a progressé. Les développements futurs promettent d'être encore plus passionnants, avec le potentiel de modifier profondément la science, la technologie et la société.

Principes de base de l'informatique quantique

La technologie informatique quantique est basée sur les principes de la mécanique quantique, un domaine de la physique qui décrit le comportement des particules à l'échelle la plus petite possible. Cette technologie diffère fondamentalement de la technologie informatique classique, qui repose sur des bits pouvant prendre l'état 0 ou 1. Au cœur de la technologie informatique quantique se trouvent les bits quantiques ou qubits, qui permettent un traitement des données beaucoup plus complexe grâce aux principes de superposition et d'intrication.

La superposition est le premier principe clé qui permet aux qubits de se trouver dans un état correspondant à une combinaison de 0 et de 1. Cela permet à un qubit d'effectuer plusieurs calculs simultanément. Cette capacité de traitement parallèle augmente potentiellement de manière significative la vitesse et l'efficacité de calcul des ordinateurs quantiques par rapport aux ordinateurs classiques pour certaines tâches.

Le deuxième principe clé est l'intrication, un phénomène par lequel l'état d'un qubit est immédiatement lié à l'état d'un autre qubit, quelle que soit la distance qui les sépare. Ce lien profond permet un traitement des données exceptionnellement coordonné sur plusieurs qubits. Les qubits intriqués peuvent transmettre des informations d'une manière qui n'est pas possible avec les communications classiques, ce qui est particulièrement précieux pour les applications de cryptographie quantique et les réseaux quantiques.

Un autre concept important dans la technologie de l'informatique quantique est l'interférence quantique, qui est utilisée pour superposer les probabilités des états des qubits de telle sorte que les chemins de calcul indésirables sont supprimés, tandis que les chemins souhaités sont renforcés. Ceci est essentiel pour développer des algorithmes efficaces pour les ordinateurs quantiques qui peuvent résoudre des tâches spécifiques, telles que la factorisation de grands nombres, une tâche pour laquelle les ordinateurs quantiques ont un avantage théorique sur les ordinateurs classiques.

La correction des erreurs quantiques est une autre considération essentielle. Les états quantiques sont extrêmement vulnérables aux perturbations de leur environnement, un phénomène connu sous le nom de "décohérence". Le développement de codes de correction d'erreurs capables de préserver l'intégrité des informations quantiques dans un environnement bruyant et décohérent est essentiel pour l'utilisation pratique des ordinateurs quantiques.

Les défis liés à la réalisation d'ordinateurs quantiques pratiques sont énormes, notamment les obstacles techniques à la création et au maintien des états nécessaires au calcul quantique, ainsi que le développement d'algorithmes exploitant spécifiquement les avantages des ordinateurs quantiques. Malgré ces défis, la recherche et le développement dans le domaine de l'informatique quantique progressent, avec des avancées significatives dans la science des matériaux, la cryo-ingénierie, les algorithmes quantiques et d'autres domaines qui ont le potentiel de repousser les limites de la calculabilité et de l'information.

Les qubits et leurs propriétés

La fascination pour les qubits ou bits quantiques provient de leur capacité à briser les limites de la technologie informatique classique en utilisant les principes exotiques de la mécanique quantique. Contrairement aux bits classiques, qui constituent l'épine dorsale de la technologie informatique traditionnelle et qui prennent toujours l'un des deux états possibles, 0 ou 1, les qubits rompent avec cette limitation binaire et permettent une forme beaucoup plus riche de traitement des données.

Un aspect clé qui rend les qubits si particuliers est leur capacité de superposition. Ce phénomène permet à un qubit de se trouver dans un état qui est une superposition à la fois de 0 et de 1. Imaginez qu'un bit classique ne puisse être que soit au rouge, soit au vert, alors qu'un qubit peut être à la fois rouge et vert à des degrés différents. Cette superposition étend de manière exponentielle la quantité d'informations qu'un seul qubit peut contenir par rapport à un bit classique, et permet à un ensemble de qubits de représenter simultanément une quantité énorme d'états différents.

Une autre caractéristique remarquable des qubits est l'intrication quantique, un état dans lequel deux qubits ou plus sont reliés entre eux de telle sorte que l'état d'un seul qubit ne peut pas être décrit indépendamment des états des autres. Cette invention permet de transmettre des informations entre les qubits, même s'ils sont séparés dans l'espace, ce qui peut conduire à des processus de calcul extrêmement efficaces. Les qubits intriqués peuvent agir de manière coordonnée, même sur de grandes distances, sans qu'il y ait de communication directe entre eux.

Ensemble, la superposition et l'intrication créent la base des capacités de calcul supérieures des ordinateurs quantiques. Grâce à ces propriétés, les ordinateurs quantiques peuvent aborder des problèmes complexes d'une manière inaccessible aux ordinateurs classiques. Ils peuvent par exemple résoudre certains problèmes mathématiques, comme la factorisation de grands nombres, beaucoup plus rapidement, ce qui a des implications importantes pour la cryptographie. De même, ils pourraient révolutionner le développement de nouveaux médicaments en permettant de simuler des interactions moléculaires à un niveau qui était jusqu'à présent inaccessible.

Malgré son énorme potentiel, la technologie des qubits n'en est qu'à ses débuts. La mise en œuvre pratique de cette technologie est confrontée à d'importants défis techniques, notamment l'augmentation de la stabilité des qubits et leur protection contre les perturbations extérieures susceptibles d'affecter leurs délicats états quantiques.

Superposition

La capacité des qubits à se superposer est une pierre angulaire qui distingue l'informatique quantique de l'informatique classique et lui confère un potentiel extraordinaire. La superposition permet aux qubits de se trouver dans un état qui peut être compris comme une combinaison des états classiques 0 et 1. Ces états sont décrits par la mécanique quantique, l'amplitude des états indiquant la probabilité de trouver le qubit dans l'un des deux états classiques lors d'une mesure. La représentation mathématique d'un tel état utilise des nombres complexes pour décrire à la fois l'amplitude et la phase de ces superpositions, ce qui conduit à une structure riche en possibilités d'information, bien au-delà de ce qui est possible avec un simple bit.

Grâce à la superposition, les ordinateurs quantiques peuvent travailler en parallèle en explorant simultanément plusieurs voies de calcul. Contrairement à un ordinateur classique qui doit explorer séquentiellement chaque chemin possible, un ordinateur quantique à n qubits peut théoriquement explorer jusqu'à 2^n états simultanément. Cette capacité de traitement parallèle est particulièrement utile pour les problèmes nécessitant l'exploration rapide d'un grand nombre de solutions possibles, comme l'optimisation, la factorisation de grands nombres ou les algorithmes de recherche.

La nature exponentielle du traitement de l'information par superposition dans les ordinateurs quantiques ouvre des possibilités révolutionnaires, mais se heurte également à des défis pratiques. Pour pouvoir utiliser efficacement cette puissance de traitement parallèle, il faut développer des algorithmes quantiques spécifiques qui tiennent compte des particularités de la mécanique quantique. L'algorithme quantique probablement le plus connu, l'algorithme de Shor pour la factorisation de grands nombres, démontre le potentiel des ordinateurs quantiques à résoudre certains problèmes de manière beaucoup plus efficace que les ordinateurs classiques.

Cependant, la réalisation de ces potentiels est complexe dans la pratique. Les états de superposition sont extrêmement vulnérables aux perturbations extérieures, ce qui conduit à la décohérence - la perte des états de la mécanique quantique nécessaires aux calculs. Le développement de systèmes quantiques robustes et le maintien de la cohérence sur des périodes suffisamment longues pour permettre des calculs significatifs restent l'un des plus grands défis de la technologie de l'informatique quantique.

En outre, l'utilisation de la capacité de traitement parallèle fournie par la superposition nécessite le développement de nouveaux paradigmes et algorithmes de programmation. La programmation quantique est fondamentalement différente de la programmation classique, car elle utilise directement les propriétés uniques des qubits, telles que la superposition et l'intrication, pour résoudre les problèmes d'une nouvelle manière.

Enchevêtrement

L'intrication des qubits incarne l'un des phénomènes les plus difficiles de la physique quantique, qui non seulement défie notre conception de l'espace et du temps, mais constitue également la base d'applications révolutionnaires dans la technologie quantique. Albert Einstein a inventé l'expression "action à distance hantée" pour désigner l'intrication, afin d'exprimer son scepticisme et sa fascination à l'égard de l'idée que deux particules ou plus puissent être liées entre elles d'une manière qui semble indépendante de la distance qui les sépare. Cette propriété contredisait l'idée d'Einstein d'une réalité locale, dans laquelle les objets ne peuvent être influencés que par des interactions directes dans leur environnement immédiat.

Dans le monde de la mécanique quantique, l'intrication permet à l'état d'un qubit d'influencer instantanément l'état d'un autre qubit, quelle que soit la distance qui les sépare. Cela signifie que les mesures effectuées sur un qubit peuvent avoir un effet instantané sur l'état d'un qubit intriqué, même s'ils sont séparés par des années-lumière. Cette propriété non-locale a de vastes implications et permet des approches totalement nouvelles dans le traitement et la transmission de l'information.

Les applications de l'intrication quantique dans l'informatique et la communication quantiques sont nombreuses et révolutionnaires. En cryptographie quantique, par exemple, l'intrication permet des méthodes de communication extrêmement sûres. En créant des paires de qubits intriqués, deux parties peuvent échanger une clé absolument sûre, car toute tentative d'interception perturberait l'intrication et serait donc immédiatement détectée. Cela utilise l'incertitude inhérente aux états quantiques pour garantir la sécurité de la communication.

Dans le domaine de l'informatique quantique, l'intrication permet d'effectuer des calculs complexes d'une manière qui n'est pas réalisable avec les ordinateurs classiques. En concevant des algorithmes opérant sur des qubits intriqués, les ordinateurs quantiques peuvent potentiellement effectuer des tâches telles que la simulation de molécules ou le déchiffrement de cryptages, qui mettraient les ordinateurs classiques à rude épreuve, dans des délais considérablement réduits.

Malgré leur énorme potentiel, la réalisation pratique et le maintien des états d'intrication dans les systèmes quantiques représentent un défi majeur. La création et la manipulation de qubits intriqués nécessitent un contrôle et un blindage extrêmement précis contre toute forme d'influence environnementale susceptible de perturber les états quantiques sensibles. La recherche et le développement dans ce domaine sont intenses et visent à mettre au point des systèmes quantiques robustes capables d'exploiter pleinement les promesses de l'intrication quantique.

Les bases de l'enchevêtrement

L'apparente divergence entre l'intrication quantique et la théorie de la relativité a donné lieu à des discussions et des recherches en physique. La théorie de la relativité, formulée par Albert Einstein, stipule qu'aucune information ou action ne peut voyager plus vite que la lumière. A première vue, l'intrication quantique, dans laquelle la mesure d'un qubit détermine instantanément l'état d'un autre qubit séparé dans l'espace, pourrait apparaître comme une violation de ce principe. La clé pour comprendre pourquoi cela ne constitue pas une contradiction réside dans la nature de l'information transmise et dans la nature de l'intrication elle-même.

Lors de l'enchevêtrement, aucune information ou signal traditionnel n'est transmis entre les qubits. Au lieu de cela, une corrélation est établie, qui ne se révèle que lorsque des mesures sont effectuées et comparées. Ainsi, lorsque l'on mesure une paire de qubits intriqués, la mesure d'un qubit détermine instantanément l'état de l'autre, mais ce changement ne peut pas être utilisé pour transmettre des informations à une vitesse supérieure à celle de la lumière. Cela signifie que l'intrication ne viole pas la structure causale de l'espace-temps telle qu'elle est décrite par la théorie de la relativité.

La corrélation entre les qubits intriqués est le résultat de leur histoire commune de création et des lois de la mécanique quantique qui les régissent, et non d'une transmission d'information au sens classique du terme. Ce phénomène met en évidence la non-localité de la mécanique quantique, selon laquelle les parties d'un système intriqué ne peuvent pas être considérées comme totalement indépendantes les unes des autres, quelle que soit leur distance spatiale. Cette non-localité ne constitue cependant pas un mécanisme de transmission instantanée d'informations reconnaissables, ce qui préserve l'intégrité de la théorie de la relativité.

L'intrication quantique et son apparente instantanéité ne sont donc pas en contradiction avec la vitesse limitée de transmission des informations selon la théorie de la relativité. Au contraire, ils nous obligent à reconsidérer nos notions de causalité et de séparation dans un univers profondément marqué par les propriétés quantiques. Cette interaction finement ajustée entre la mécanique quantique et la théorie de la relativité reste un champ fascinant pour la recherche théorique et expérimentale, qui continue d'élargir notre compréhension des principes fondamentaux de l'univers.

Applications de l'enchevêtrement

Les propriétés uniques de l'intrication ont de multiples applications dans la théorie et la technologie de l'information quantique.

Cryptographie quantique

Le protocole BB84, présenté par Charles Bennett et Gilles Brassard en 1984, est une étape importante dans la cryptographie quantique et marque le début d'une nouvelle ère dans la communication sécurisée.

Bien que le protocole BB84 lui-même ne soit pas directement basé sur l'intrication quantique, mais sur les principes de la mécanique quantique, notamment l'indétermination, il existe des protocoles apparentés qui utilisent l'intrication pour améliorer encore la sécurité. Le principe fondamental derrière BB84 et les protocoles apparentés est l'utilisation de propriétés quantiques uniques pour générer et vérifier une clé sécurisée qui peut ensuite être utilisée pour crypter les messages.

Dans le protocole BB84, l'émetteur, souvent appelé Alice, envoie une série de qubits au récepteur, Bob, chaque qubit étant dans l'un des quatre états possibles. Ces états représentent deux bases différentes (par exemple la polarisation des photons), et les qubits sont envoyés dans une base choisie au hasard. Bob mesure chaque qubit entrant également dans une base choisie au hasard. Une fois que tous les qubits ont été transmis, Alice et Bob communiquent publiquement les bases dans lesquelles ils ont été envoyés ou mesurés, sans révéler les résultats des mesures. Les qubits dont les bases correspondent sont utilisés pour générer la clé, tandis que les autres sont rejetés.

La sécurité du protocole repose sur deux principes quantiques importants. Premièrement, le principe d'incertitude d'Heisenberg stipule que le processus de mesure d'un état quantique le perturbe inévitablement si l'état n'est pas mesuré dans la bonne base. Deuxièmement, le théorème de non-clonage de la mécanique quantique interdit la création de copies exactes d'états quantiques inconnus. Ces propriétés garantissent que toute tentative d'un auditeur d'écouter l'échange de clés laissera inévitablement des traces en influençant les résultats de mesure d'Alice et de Bob. En comparant un sous-ensemble de leurs résultats de mesure, Alice et Bob peuvent déterminer si la sécurité est garantie. Si le taux d'erreur est inférieur à un certain seuil, ils peuvent supposer que l'échange était sûr ; dans le cas contraire, ils doivent supposer que la clé a été compromise et que le processus doit être répété.

Alors que le BB84 et ses dérivés offrent déjà un niveau de sécurité élevé, les protocoles basés sur l'intrication quantique, comme le protocole Ekert (E91), étendent les caractéristiques de sécurité en utilisant des paires de qubits intriqués. Ici, toute tentative d'écoute n'entraîne pas seulement une perturbation qui peut être détectée, mais l'enchevêtrement lui-même offre une base encore plus solide pour la sécurité, car les corrélations entre les qubits enchevêtrés sont utilisées pour la génération et la vérification des clés.

Ces avancées dans la cryptographie quantique promettent une sécurité quasiment incassable, car elles sont basées sur les lois fondamentales de la physique et pas seulement sur la complexité des problèmes mathématiques. Le développement et la mise en œuvre continus de ces technologies pourraient changer radicalement l'avenir des communications sécurisées.

Informatique quantique

L'intrication joue un rôle central dans les performances exceptionnelles des ordinateurs quantiques, en permettant de coordonner des états et des opérations sur plusieurs qubits, ce qui entraîne une augmentation exponentielle de la capacité de traitement des informations par rapport aux ordinateurs classiques. Cette capacité est particulièrement importante pour la mise en œuvre d'algorithmes quantiques avancés, tels que l'algorithme de Shor pour la factorisation de grands nombres et l'algorithme de Grover pour une recherche efficace dans les bases de données.

L'algorithme de Shor est peut-être l'exemple le plus connu de la supériorité des ordinateurs quantiques pour des tâches spécifiques. Les algorithmes traditionnels de factorisation de grands nombres, une tâche essentielle pour la sécurité de nombreux systèmes cryptographiques actuels, nécessitent un temps de calcul exponentiellement plus long à mesure que la taille des nombres augmente. Cependant, l'algorithme quantique de Shor peut factoriser ces nombres en un temps polynomial, ce qui signifie qu'il ne nécessite qu'une augmentation modérée des ressources de calcul à mesure que la longueur des nombres augmente. Ce gain d'efficacité pourrait théoriquement compromettre la sécurité de la plupart des systèmes de cryptage actuels, puisqu'ils sont basés sur la difficulté de factoriser de grands nombres.

L'algorithme de Grover, quant à lui, offre un avantage de vitesse au carré pour la recherche dans des bases de données non triées. Alors qu'un algorithme classique doit rechercher en moyenne la moitié de toutes les entrées avant de trouver l'entrée souhaitée, l'algorithme de Grover réduit le nombre d'étapes de recherche nécessaires à la racine carrée du nombre total d'entrées. Cela signifie que pour une base de données d'un million d'entrées, seules environ 1 000 opérations de recherche sont nécessaires au lieu de 500 000. Bien que cet avantage ne soit pas aussi spectaculaire que celui de l'algorithme de Shor pour la factorisation, il pourrait avoir des conséquences importantes pour certaines applications, notamment en cryptographie et pour la résolution de certains problèmes d'optimisation.

La mise en œuvre de ces algorithmes sur un ordinateur quantique nécessite un contrôle minutieux de l'intrication entre les qubits. L'intrication permet aux qubits d'interagir dans un état cohérent, nécessaire à l'exécution parallèle de calculs sur un nombre exponentiel d'états. Cette capacité de traitement parallèle est la clé de la supériorité des ordinateurs quantiques pour certaines tâches.

Malgré le potentiel impressionnant de ces algorithmes, les défis pratiques liés à la réalisation d'ordinateurs quantiques performants sont considérables. Il s'agit notamment de la création et du maintien de l'intrication sur un grand nombre de qubits, de la minimisation des erreurs dues à la décohérence quantique et du problème général de l'évolutivité des systèmes quantiques. Cependant, la recherche dans ces domaines est très active et les progrès réalisés dans le développement de mécanismes de correction d'erreurs et dans la fabrication de qubits plus stables laissent espérer que des ordinateurs quantiques capables d'utiliser efficacement ces algorithmes seront réalisés à l'avenir.

Téléportation quantique

La téléportation quantique est un phénomène fascinant qui résulte directement des propriétés uniques de l'intrication quantique et qui a le potentiel de changer fondamentalement la manière dont les informations sont transmises. En substance, la téléportation quantique permet de transférer l'état quantique d'un qubit à un autre qubit sur n'importe quelle distance, sans qu'il soit nécessaire de transférer physiquement le qubit lui-même ou ses propriétés individuelles. Ce concept peut sembler relever de la science-fiction au départ, mais il est basé sur des principes physiques solides et a déjà été démontré expérimentalement.

La procédure de téléportation quantique commence par une paire de qubits enchevêtrés qui sont répartis entre deux parties, souvent appelées Alice et Bob. Alice possède un autre qubit dont elle souhaite transmettre l'état à Bob. Pour effectuer la téléportation, Alice effectue une mesure spéciale sur son qubit et sa partie de la paire intriquée. Cette mesure modifie l'état de son qubit intriqué d'une manière qui dépend de l'état du qubit à téléporter, bien que ces deux qubits n'aient jamais interagi directement.

L'élément décisif ici est que la mesure d'Alice influence également l'état du qubit se trouvant chez Bob, grâce au lien magique créé par l'intrication. Cependant, Bob ne sait pas encore dans quel état se trouve son qubit à ce moment-là. Pour reconstruire avec précision l'état initial du qubit d'Alice, cette dernière doit lui communiquer le résultat de sa mesure via un canal de communication classique. Avec ces informations, Bob peut alors effectuer une série d'opérations sur son qubit afin de reconstruire l'état exact du qubit initial d'Alice.

Il est important de souligner qu'avec la téléportation quantique, aucune information n'est transmise plus rapidement que la lumière. La nécessité de transmettre le résultat de la mesure par un canal classique garantit que la téléportation quantique n'enfreint pas la théorie de la relativité. En outre, aucune matière ou énergie n'est transmise à proprement parler ; à la place, l'état d'un qubit est transmis, ce qui constitue une forme plus subtile de transmission d'informations.

La téléportation quantique a des implications importantes pour le développement des réseaux quantiques et la communication quantique. Elle permet la transmission sécurisée d'informations quantiques sur de longues distances et constitue un concept clé pour la réalisation de l'internet quantique, dans lequel les informations sont basées sur des états quantiques et peuvent ainsi atteindre un nouveau niveau de sécurité et d'efficacité. En outre, la téléportation quantique pourrait être utilisée dans les futurs systèmes d'ordinateurs quantiques pour transférer des informations quantiques entre différentes parties d'un ordinateur quantique, voire entre différents ordinateurs quantiques, ce qui pourrait considérablement accélérer le développement de systèmes d'ordinateurs quantiques évolutifs et de réseaux quantiques complexes.

Problèmes d'enchevêtrement

L'utilisation pratique de l'intrication quantique se heurte encore à de nombreux défis. La création et le maintien d'états d'intrication sont techniquement exigeants, car les qubits sont extrêmement vulnérables à la décohérence due aux influences environnementales. Le développement de technologies permettant d'obtenir des états d'intrication stables sur de longues périodes et sur de grandes distances est un domaine de recherche actif.

Cohérence et décohérence

Les concepts de cohérence et de décohérence sont centraux pour la compréhension et le développement de la technologie de l'informatique quantique. Ils concernent la stabilité des états quantiques, indispensable à la réalisation des calculs dans les ordinateurs quantiques.

Cohérence

La cohérence dans le monde quantique est un concept central qui décrit la capacité fondamentale des systèmes quantiques à se trouver dans un état bien défini de superposition ou d'intrication et à maintenir cet état dans le temps.

Cette capacité est essentielle au fonctionnement des ordinateurs quantiques, car elle constitue la base de l'exécution des calculs quantiques. Le temps de cohérence définit la fenêtre de temps critique dans laquelle les informations quantiques peuvent être traitées avant que les interactions inévitables avec l'environnement - un processus connu sous le nom de décohérence - ne perturbent les états quantiques au point de leur faire perdre leurs propriétés mécaniques quantiques.

L'obtention de temps de cohérence plus longs est l'un des principaux axes de recherche dans le développement des ordinateurs quantiques, car ils influencent directement les performances et la praticabilité de ces systèmes. Plus le temps de cohérence d'un qubit est long, plus il est théoriquement possible d'y effectuer d'opérations avant que la décohérence ne rende les calculs peu fiables. Cela permet de créer des algorithmes plus complexes et de résoudre des problèmes plus sophistiqués. Pour augmenter les temps de cohérence, les scientifiques explorent différentes approches, comme l'amélioration de l'isolation physique des qubits, le développement de qubits moins sensibles aux influences environnementales et l'application de techniques avancées de correction d'erreurs qui peuvent compenser les effets de la décohérence.

En outre, le temps de cohérence est un facteur déterminant pour l'évolutivité des ordinateurs quantiques. Pour les applications pratiques, les systèmes quantiques doivent être capables de traiter des milliers, voire des millions de qubits, tout en conservant un temps de cohérence suffisant pour effectuer des calculs significatifs. Cela nécessite des progrès non seulement dans la science des matériaux et la technologie quantique, mais aussi dans la physique théorique et l'algorithmique, afin de développer des méthodes efficaces pour utiliser et protéger la cohérence dans les systèmes quantiques complexes.

Décohérence

La décohérence est l'un des principaux obstacles au développement et à la mise à l'échelle des ordinateurs quantiques. Elle représente un défi fondamental, car elle affecte directement la capacité des ordinateurs quantiques à stocker et à traiter des informations. Le processus de décohérence fait que les états quantiques des qubits "fusionnent" avec leur environnement, ce qui entraîne la perte des propriétés quantiques caractéristiques telles que la superposition et l'intrication. En pratique, cela signifie que les qubits ne peuvent pas maintenir leur état suffisamment longtemps pour effectuer des calculs complexes avant de se dégrader vers un état classique dans lequel ils fonctionnent comme des bits classiques.

Les interactions qui conduisent à la décohérence peuvent être de nature diverse, y compris des influences thermiques, électromagnétiques et même cosmiques. Toute interaction avec l'environnement extérieur, même minime, peut suffire à perturber la fragile superposition quantique d'un qubit. C'est pourquoi le maintien de la cohérence quantique nécessite des conditions environnementales extrêmement contrôlées, comme un froid profond proche du zéro absolu et l'utilisation de blindages contre les radiations électromagnétiques.

La recherche dans le domaine de l'informatique quantique se concentre fortement sur la recherche de moyens de minimiser la décohérence et d'allonger les temps de cohérence des qubits. Une approche consiste à développer des qubits qui sont intrinsèquement plus résistants à la décohérence. Il s'agit par exemple de qubits topologiques, qui utilisent les principes des ordinateurs quantiques topologiques et sont théoriquement plus stables face aux perturbations locales. Une autre approche consiste à utiliser des méthodes de correction dynamique et des codes de correction d'erreurs qui permettent de détecter et de corriger les erreurs dues à la décohérence sans mesurer ou perturber l'information quantique elle-même.

Contrôle de la décohérence

Le contrôle ou la minimisation de la décohérence est un défi technique majeur dans la technologie de l'informatique quantique. Les chercheurs et les ingénieurs développent différentes stratégies pour prolonger les temps de cohérence des qubits et minimiser les effets de décohérence :

Isolation des qubits

La minimisation des interactions entre les qubits et leur environnement est essentielle pour retarder la décohérence et améliorer les performances des ordinateurs quantiques. Diverses solutions technologiques et techniques avancées sont utilisées pour réduire au maximum les perturbations externes qui entraînent la décohérence. Voici quelques-unes des principales méthodes utilisées dans la technologie de l'informatique quantique :

- Les chambres à vide : Les chambres à vide jouent un rôle important dans la réduction de la décohérence en éliminant l'air et les autres gaz qui pourraient interagir avec les qubits. En créant un environnement presque exempt de particules, la probabilité de collisions entre les qubits et les molécules d'air est réduite, ce qui conduit à un environnement quantique plus stable. Ceci est particulièrement important pour les expériences et les ordinateurs quantiques basés sur des systèmes tels que les qubits basés sur des pièges à ions, dans lesquels des particules chargées servent de qubits.

- Refroidissement cryogénique : le refroidissement cryogénique est une autre technologie critique pour retarder la décohérence. De nombreux systèmes informatiques quantiques, en particulier ceux basés sur des qubits supraconducteurs, nécessitent des températures extrêmement basses, souvent quelques millikelvins seulement au-dessus du zéro absolu. À ces températures, presque toute l'activité thermique est fortement réduite, ce qui minimise l'interaction des qubits avec leur environnement et prolonge les temps de cohérence. Le refroidissement cryogénique contribue également à réduire l'excitation thermique des qubits eux-mêmes, ce qui constitue une autre source potentielle de décohérence.
- Blindage : le blindage contre les radiations électromagnétiques est essentiel pour minimiser les interférences externes qui pourraient perturber les états quantiques des qubits. Cela comprend la protection contre les rayonnements de radiofréquence, les champs magnétiques et même les rayons cosmiques. En utilisant des matériaux qui absorbent ou réfléchissent les ondes électromagnétiques, les chercheurs peuvent préserver l'intégrité de l'information quantique dans les qubits.

- Outre les techniques de blindage physique, les chercheurs développent également des codes de correction d'erreurs avancés et des techniques de suppression dynamique de la décohérence. Ces méthodes visent à corriger ou à compenser les effets de la décohérence, même lorsqu'elle se produit. En appliquant des algorithmes complexes, les ordinateurs quantiques peuvent détecter et corriger les erreurs potentielles sans détruire l'information quantique elle-même.
- Développement de nouveaux systèmes de qubits : enfin, des travaux sont en cours pour développer de nouveaux types de qubits qui sont naturellement moins sensibles à la décohérence. Cela pourrait réduire la nécessité de contrôles environnementaux extrêmement stricts et faciliter l'application pratique des ordinateurs quantiques.

Ces méthodes et technologies sont essentielles pour faire progresser la technologie de l'informatique quantique et pour surmonter les défis posés par la décohérence. En améliorant continuellement ces techniques et en développant de nouvelles approches pour contrôler l'environnement quantique, les scientifiques s'efforcent de repousser les limites de ce qui est possible avec les ordinateurs quantiques.

Correction d'erreurs et tolérance aux erreurs

Le développement de codes de correction d'erreurs quantiques et d'algorithmes tolérants aux erreurs représente une avancée décisive dans la technologie de l'informatique quantique. Ces approches permettent aux ordinateurs quantiques d'effectuer des calculs corrects malgré la décohérence inévitable et d'autres sources d'erreurs. Les codes de correction d'erreurs quantiques fonctionnent en répartissant les informations quantiques sur plusieurs qubits, de sorte que même si certains qubits sont affectés par la décohérence ou d'autres perturbations, les informations d'origine peuvent être reconstruites à partir des qubits restants exempts d'erreurs.

- Correction d'erreur quantique : l'idée de base de la correction d'erreur quantique est similaire à la correction d'erreur classique, mais elle est beaucoup plus complexe en raison de la nature quantique des informations - comme la superposition et l'intrication. Les codes de correction d'erreurs quantiques utilisent l'intrication pour répartir les états quantiques sur un groupe de qubits de telle sorte que les erreurs affectant un seul qubit ou un petit groupe de qubits puissent être détectées et corrigées sans mesurer l'information quantique elle-même. Cela permet de contourner les effets destructeurs de la décohérence, puisque l'information n'est pas stockée dans les qubits individuels, mais dans leur état collectif.

- Les algorithmes tolérants aux fautes : Les algorithmes quantiques tolérants aux fautes sont ceux qui sont conçus pour fonctionner correctement en présence d'erreurs dues aux imperfections des qubits et des opérations. Ces algorithmes sont conçus pour utiliser efficacement les corrections fournies par les codes de correction d'erreurs afin de garantir que les calculs produisent des résultats fiables.
- Exigences en matière de ressources : la mise en œuvre de la correction d'erreur quantique et des algorithmes à tolérance de panne nécessite une augmentation considérable du nombre de qubits dans un ordinateur quantique. Pour chaque qubit logique utilisé pour les calculs, des dizaines, voire des centaines de qubits physiques peuvent être nécessaires pour fournir la redondance nécessaire à une correction efficace des erreurs. Cette exigence représente un défi technique important, car elle renforce les difficultés déjà existantes de mise à l'échelle des systèmes d'ordinateurs quantiques et de maintien de la cohérence sur un grand nombre de qubits.

Malgré les défis, la correction d'erreur quantique et les algorithmes à tolérance de panne offrent une voie réalisable pour permettre des calculs quantiques fiables et constituent donc un domaine de recherche actif. L'amélioration continue de la qualité des qubits, l'augmentation des temps de cohérence et le développement de codes de correction d'erreurs plus efficaces pourraient contribuer à réduire le nombre de qubits physiques nécessaires et à faire de l'informatique quantique viable et tolérante aux pannes une réalité.

Suppression dynamique de la décohérence

La suppression dynamique de la décohérence (Dynamic Decoherence Suppression, DDS) représente une stratégie avancée pour lutter contre la décohérence dans les systèmes quantiques. Cette technique implique l'utilisation de séquences de contrôle spécialement conçues pour minimiser les effets négatifs des perturbations environnementales sur la cohérence des qubits. La DDS vise à prolonger activement les temps de cohérence des qubits en compensant les perturbations externes et internes qui entraînent la décohérence. Cela permet aux qubits de conserver leurs états de mécanique quantique pendant de longues périodes, ce qui est essentiel pour effectuer des calculs quantiques complexes.

- Principes de base de la suppression dynamique de la décohérence : la suppression dynamique de la décohérence est basée sur la manipulation précise des qubits par une séquence d'impulsions de contrôle. Ces impulsions sont conçues pour détecter et neutraliser des types spécifiques d'interférences agissant sur un qubit. Les séquences de contrôle agissent de manière similaire à un système de stabilisation qui protège les qubits contre les "chocs" du monde extérieur.

- Mise en œuvre : la mise en œuvre de DDS nécessite une compréhension approfondie des mécanismes spécifiques qui conduisent à la décohérence dans un système quantique donné. Cela implique de connaître les types de perturbations, leurs fréquences et leurs amplitudes. Grâce à ces informations, les chercheurs peuvent développer des séquences de contrôle sur mesure qui agissent de manière ciblée contre ces perturbations. Ces séquences peuvent consister en une variété d'opérations physiques, telles que des impulsions électromagnétiques dirigées vers les qubits afin de corriger et de maintenir leurs états stables au fil du temps.

Bien que la suppression dynamique de la décohérence soit une approche prometteuse, elle comporte également des défis. Le développement de séquences de contrôle efficaces nécessite une connaissance précise de la dynamique spécifique du système quantique et de ses interactions avec son environnement. En outre, les impulsions de contrôle doivent être appliquées avec une grande précision afin d'éviter des perturbations non souhaitées qui pourraient introduire des erreurs supplémentaires dans le système. Cela nécessite des techniques expérimentales sophistiquées et la capacité de manipuler des systèmes quantiques avec une précision extraordinaire.

Malgré les défis techniques, la suppression dynamique de la décohérence offre une voie prometteuse pour améliorer les performances des ordinateurs quantiques. En prolongeant les temps de cohérence, elle ouvre la possibilité d'exécuter des algorithmes plus complexes et de repousser les limites de ce qui peut être réalisé avec la technologie quantique. La recherche et le développement continus dans ce domaine pourraient conduire à des méthodes de suppression de la décohérence encore plus efficaces et contribuer de manière significative à la réalisation d'ordinateurs quantiques utilisables dans la pratique.

Importance pour l'informatique quantique

Les efforts de recherche continus dans le domaine de l'informatique quantique visent à relever les défis du maintien de la cohérence et du contrôle de la décohérence afin de jeter les bases de systèmes quantiques utilisables dans la pratique. La capacité à maintenir des états quantiques stables sur de longues périodes est essentielle, car elle influe directement sur la complexité et la nature des problèmes qui peuvent être résolus par les ordinateurs quantiques. Les progrès dans ces domaines pourraient permettre aux ordinateurs quantiques d'accomplir des tâches impraticables ou impossibles pour les ordinateurs classiques en raison de contraintes de temps de calcul ou de ressources.

- Science des matériaux : un aspect clé de la recherche se concentre sur le développement de nouveaux matériaux et de conceptions de qubits qui sont intrinsèquement plus résistants aux conditions environnementales et permettent ainsi des temps de cohérence plus longs. La découverte et l'utilisation de matériaux pouvant fonctionner à des températures plus élevées ou dans des conditions moins restrictives permettraient de réduire considérablement les coûts de fonctionnement et la complexité des systèmes informatiques quantiques.

- Correction d'erreurs et tolérance aux erreurs : l'amélioration et la mise en œuvre de codes de correction d'erreurs quantiques et d'algorithmes tolérants aux erreurs constituent un autre domaine de recherche essentiel. Ces techniques permettent de détecter et de corriger les erreurs dues aux processus de décohérence inévitables, ce qui augmente la fiabilité des calculs quantiques. Le développement de techniques de correction d'erreurs plus efficaces pourrait réduire le nombre de qubits physiques nécessaires par qubit logique et améliorer la praticabilité des ordinateurs quantiques.
- Techniques de contrôle et de blindage : La recherche sur les techniques avancées de contrôle et de blindage, y compris la suppression dynamique de la décohérence, vise à contrôler avec précision les interactions des qubits avec leur environnement. En appliquant des séquences d'impulsions spécifiques et en concevant des systèmes protégés contre les perturbations externes, les scientifiques peuvent minimiser les effets de

la décohérence. Le développement de ces technologies promet un allongement considérable des temps de cohérence.
- Évolutivité et intégration des systèmes : pour réaliser des systèmes quantiques utilisables dans la pratique, il est nécessaire de trouver des solutions pour la mise à l'échelle des ordinateurs quantiques, capables d'intégrer et de gérer efficacement un grand nombre de qubits. Cela implique le développement d'architectures et de plateformes technologiques qui permettent une communication et une interaction fiables entre les qubits sur de plus grandes distances et dans des réseaux complexes.

La réalisation de ces objectifs nécessite une collaboration multidisciplinaire entre physiciens, ingénieurs, scientifiques des matériaux et informaticiens. Les progrès continus dans ces domaines promettent non seulement le développement d'ordinateurs quantiques capables de résoudre efficacement des problèmes complexes, mais aussi l'ouverture de nouveaux domaines de recherche et d'applications dans la cryptographie, la science des matériaux, la synthèse chimique et de nombreux autres champs. L'amélioration continue des performances des ordinateurs quantiques élargira sans aucun doute notre compréhension du monde et pourrait ouvrir la porte à une nouvelle ère technologique.

Applications de l'interférence quantique

L'interférence quantique est un phénomène qui découle des principes fondamentaux de la mécanique quantique. Il illustre la manière dont les particules quantiques, telles que les électrons, les photons ou les atomes entiers, peuvent présenter des propriétés ondulatoires. Cette capacité des particules à se déplacer dans l'espace et le temps en créant des modèles d'ondes qui peuvent se superposer donne lieu à des modèles d'interférences que l'on associe généralement aux ondes classiques, comme les ondes aquatiques ou les ondes sonores.

Parallélisme quantique

La capacité unique des ordinateurs quantiques à effectuer plusieurs calculs simultanément est étroitement liée au phénomène d'interférence quantique. Cette propriété permet aux ordinateurs quantiques d'exploiter leur immense puissance de calcul et offre un avantage fondamental par rapport aux ordinateurs classiques.

L'interférence quantique permet de superposer les amplitudes des fonctions d'onde correspondant aux différents états quantiques de telle sorte que l'interférence constructive augmente la probabilité des résultats souhaités, tandis que l'interférence destructive diminue les probabilités de résultats indésirables. Grâce à des opérations quantiques soigneusement conçues (portes quantiques), les phases des qubits peuvent être adaptées de manière à ce que leurs fonctions d'onde interfèrent de la manière souhaitée à la fin du calcul. En voici quelques exemples :

- Algorithme de Shor : Utilise l'interférence quantique pour effectuer efficacement la factorisation de grands nombres. Les motifs d'interférence générés par les calculs quantiques aident à déterminer la périodicité d'une fonction, ce qui est une étape clé de la factorisation.
- Algorithme de Grover : un algorithme de recherche qui utilise l'interférence quantique pour renforcer la probabilité d'obtenir le bon résultat de recherche dans une base de données non triée, ce qui permet de trouver la solution beaucoup plus rapidement qu'avec n'importe quel algorithme classique.

Le défi de l'utilisation de l'interférence quantique réside dans le contrôle précis des phases des qubits et dans le maintien de leur cohérence dans le temps. Toute forme de décohérence peut perturber les motifs d'interférence et affecter les performances de calcul. Les progrès dans les domaines de la correction d'erreurs, de la conception des qubits et du blindage du système sont essentiels pour surmonter ces défis et faire en sorte que la pleine puissance de l'interférence quantique soit exploitable.

Cryptographie quantique

L'interférence quantique joue également un rôle important dans la cryptographie quantique, notamment dans des protocoles tels que BB84, conçu pour l'échange sécurisé de clés. Alors que le protocole BB84 est principalement basé sur les principes de l'incertitude quantique et de la théorie du non-clonage, le concept d'interférence quantique peut jouer un rôle central dans des scénarios de communication quantique apparentés ou dans des extensions de BB84 et d'autres protocoles basés sur les effets d'interférence.

Au cœur du protocole BB84, l'incertitude quantique est exploitée en envoyant et en recevant des états quantiques dans différentes bases. Une tentative d'interception dans ce contexte perturbe inévitablement l'état des qubits en raison du processus de mesure, ce qui entraîne des erreurs détectables dans l'échange de clés. Cette perturbation peut être interprétée comme un changement dans les attentes concernant les modèles d'interférence quantiques, bien que le protocole soit directement basé sur l'impossibilité de mesurer l'état d'un système quantique sans perturbation. Nous y reviendrons plus tard.

Dans d'autres contextes de cryptographie quantique, comme les protocoles de distribution de clés quantiques qui reposent explicitement sur des modèles d'interférence quantiques, le rôle de l'interférence quantique est plus direct. Les protocoles basés sur la superposition et l'interférence d'états quantiques utilisent les motifs d'interférence sensibles pour surveiller l'intégrité des communications. Toute intervention d'un auditeur modifie les motifs d'interférence de manière à ce qu'ils puissent être détectés par les parties en communication.

Dans les protocoles basés sur l'interférence quantique, une série de qubits est typiquement envoyée dans des états spécialement préparés pour produire des motifs d'interférence spécifiques. Une intervention ou une tentative de mesure par un tiers perturberait ces motifs. Cette perturbation se manifesterait par une augmentation du taux d'erreur dans les données transmises, ce qui signalerait aux participants que la sécurité de leurs communications a été compromise.

Le développement de la cryptographie quantique pourrait s'appuyer davantage sur l'exploitation des interférences quantiques afin de mettre au point des protocoles de communication encore plus sûrs. Étant donné que les motifs d'interférence sont extrêmement sensibles aux perturbations, ils constituent un outil puissant pour garantir la sécurité des informations transmises. Les expériences et les protocoles basés sur l'interférence quantique distribuée pourraient constituer la base de futurs réseaux de communication quantique offrant une sécurité sans précédent.

L'utilisation de l'interférence quantique dans des applications pratiques présente également des défis, notamment la nécessité de maintenir des taux de cohérence élevés des qubits dans le temps. Toute forme de décohérence peut perturber les modèles d'interférence et donc affecter la précision et la fiabilité des calculs quantiques.

Conclusion

L'interférence quantique est un principe fondamental de la mécanique quantique et constitue l'épine dorsale de nombreuses technologies et méthodes dans le monde de l'informatique quantique. En comprenant et en manipulant les schémas d'interférence quantique, les chercheurs peuvent repousser les limites du traitement de l'information et ouvrir de nouvelles possibilités dans le domaine de l'informatique, de la cryptographie et au-delà. Malgré les défis techniques liés à la réalisation de systèmes quantiques cohérents et évolutifs, la poursuite des recherches sur les interférences quantiques promet des avancées passionnantes vers la réalisation complète du potentiel des ordinateurs quantiques.

Ordinateurs classiques vs. ordinateurs quantiques

La comparaison entre les ordinateurs classiques et les ordinateurs quantiques met en lumière non seulement la différence dans leur mode de fonctionnement, mais aussi dans leurs applications et limites potentielles. Alors que les ordinateurs classiques constituent la base de la technologie numérique actuelle, les ordinateurs quantiques offrent une manière fondamentalement nouvelle de traiter l'information, basée sur les principes de la mécanique quantique.

Principes de travail de base

La différence fondamentale entre les ordinateurs classiques et les ordinateurs quantiques réside dans la manière dont ils traitent et stockent les informations. Ces différences ouvrent aux ordinateurs quantiques des potentiels qui vont bien au-delà de ce qui est possible avec les ordinateurs classiques, en particulier pour certains types de problèmes.

Les ordinateurs classiques sont basés sur les bits comme unités d'information de base. Un bit est la plus petite quantité de données et peut avoir l'un des deux états suivants : 0 ou 1. Ces états binaires constituent la base du traitement classique de l'information, les calculs complexes étant effectués en combinant des opérations logiques (comme ET, OU et NON) sur ces bits. La puissance des ordinateurs classiques, des smartphones aux superordinateurs, repose sur la miniaturisation croissante des composants traitant les bits, ce qui entraîne une augmentation constante de la capacité de calcul. Néanmoins, la capacité de calcul des ordinateurs classiques reste fondamentalement séquentielle, même si des techniques telles que le traitement parallèle sont utilisées pour augmenter l'efficacité.

Les ordinateurs quantiques, quant à eux, utilisent des bits quantiques ou qubits qui, contrairement aux bits classiques, appliquent les principes de la mécanique quantique. Un qubit peut exister non seulement dans les états 0 ou 1, mais aussi dans une superposition de ces deux états simultanément. Cette superposition permet à un seul qubit de porter plus d'informations qu'un bit classique. De plus, les qubits peuvent être reliés entre eux par le phénomène d'intrication quantique, ce qui permet à l'état d'un qubit d'influencer directement l'état d'un autre, quelle que soit la distance qui les sépare. Ces propriétés permettent aux ordinateurs quantiques d'effectuer une énorme quantité de calculs en parallèle.

L'utilisation de l'interférence quantique permet en outre aux ordinateurs quantiques de sélectionner, parmi une multitude de chemins de calcul possibles, ceux qui mènent à la solution souhaitée. Cela permet aux ordinateurs quantiques de résoudre certains problèmes, comme la factorisation de grands nombres (importante pour la cryptographie) ou la simulation de systèmes quantiques (importante pour la science des matériaux et la pharmacie), potentiellement beaucoup plus rapidement que les ordinateurs classiques.

Alors que les ordinateurs classiques restent indispensables au grand public et à l'industrie, pour des tâches telles que le traitement de texte, la gestion de bases de données et de nombreux types de développement de logiciels, les ordinateurs quantiques offrent des solutions à des problèmes jusqu'ici inaccessibles. Cependant, la recherche et le développement dans le domaine de l'informatique quantique sont encore confrontés à des défis techniques considérables, notamment la stabilisation des qubits et la mise à l'échelle des systèmes quantiques.

Les ordinateurs quantiques en sont encore à un stade précoce de développement, mais les progrès de la technologie quantique révolutionneront à moyen et long terme la manière dont nous pensons le traitement des données et la résolution des problèmes. La nature parallèle du calcul quantique, associée à la capacité d'effectuer des simulations complexes et de permettre de nouvelles formes de cryptographie, laisse entrevoir un énorme potentiel qui va au-delà de ce qui est possible avec les technologies informatiques classiques.

Capacité de calcul et domaines d'application

La capacité de calcul et les domaines d'application des ordinateurs classiques et des ordinateurs quantiques reflètent les principes fondamentalement différents sur lesquels reposent ces technologies. Chacune a ses propres points forts et est mieux adaptée à certains types de tâches.

La force des ordinateurs classiques réside dans leur polyvalence et leur efficacité pour un large éventail de tâches. Ils sont indispensables pour les applications quotidiennes telles que le traitement de texte, la navigation sur Internet, la lecture multimédia et l'exécution de logiciels professionnels. En outre, ils sont capables d'effectuer des calculs scientifiques complexes et des analyses de données, qui sont essentiels dans de nombreux domaines de la recherche et de l'industrie. Leur architecture leur permet de traiter rapidement et efficacement de grandes quantités de données, en s'appuyant sur une bibliothèque d'algorithmes gigantesque et en constante évolution, optimisée pour une grande variété de problèmes.

Les ordinateurs quantiques, d'autre part, sont connus pour leurs avantages potentiels dans des problèmes spécifiques, particulièrement exigeants en termes de calcul. Leur capacité unique à utiliser les états de superposition et l'intrication leur permet de trouver des solutions à des problèmes que les ordinateurs classiques ne pourraient pas résoudre, ou seulement au prix d'un investissement en temps et en énergie peu pratique :

- Factorisation de grands nombres : Les ordinateurs quantiques pourraient compromettre la sécurité des systèmes de cryptographie actuels, qui reposent sur la difficulté de ce problème. L'algorithme de Shor, qui fonctionne sur les ordinateurs quantiques, peut factoriser efficacement de grands nombres, ce qui est pratiquement impossible pour les ordinateurs classiques.

- Recherche dans des bases de données non triées : l'algorithme de Grover démontre la capacité des ordinateurs quantiques à améliorer significativement l'efficacité de la recherche dans de grandes quantités de données non triées, en réduisant drastiquement le nombre d'étapes nécessaires par rapport aux algorithmes classiques.
- Simulation de systèmes quantiques : L'un des domaines d'application les plus prometteurs des ordinateurs quantiques est peut-être la simulation de systèmes quantiques complexes. Cela pourrait permettre des avancées révolutionnaires dans la science des matériaux, en permettant aux chercheurs de prédire avec précision le comportement des atomes et des molécules lors du développement de nouveaux matériaux et médicaments.

Les applications potentielles des ordinateurs quantiques pourraient permettre des avancées révolutionnaires dans plusieurs domaines :

- Science des matériaux : la simulation précise des propriétés des matériaux au niveau quantique permettrait de développer de nouveaux matériaux aux propriétés sur mesure.

- Cryptographie : outre le risque de compromettre les systèmes de cryptage existants, les ordinateurs quantiques offrent également la base de nouvelles méthodes de cryptage quantique théoriquement incassables.
- Problèmes d'optimisation : de nombreux domaines scientifiques et industriels, de la logistique à l'analyse financière, pourraient bénéficier d'algorithmes quantiques qui résolvent plus efficacement les problèmes d'optimisation.

Alors que les ordinateurs classiques restent les chevaux de bataille du traitement de l'information, les ordinateurs quantiques offrent des solutions à des défis jusqu'ici inaccessibles. La coexistence et l'intégration des deux technologies pourraient redéfinir les limites de ce qui peut être fait par ordinateur et stimuler l'innovation dans presque tous les domaines de la science et de l'industrie.

Évolutivité et stabilité

Les différences d'évolutivité et de stabilité entre les ordinateurs classiques et les ordinateurs quantiques soulignent les défis et les possibilités technologiques respectifs qui caractérisent les deux domaines.

Les ordinateurs classiques bénéficient de décennies de développement et d'optimisation en ce qui concerne leur architecture. Leur évolutivité repose sur des principes relativement linéaires : Il est souvent possible d'obtenir de meilleures performances en ajoutant d'autres processeurs (ou cœurs de calcul), plus de mémoire vive ou des solutions de stockage plus importantes. Cette modularité et cette extensibilité ont donné naissance aux systèmes informatiques puissants et polyvalents qui sont aujourd'hui utilisés dans presque tous les aspects de la vie moderne.

La stabilité et la fiabilité des ordinateurs classiques sont également le fruit d'une recherche et d'un développement approfondis. Des mécanismes avancés de correction des erreurs et des techniques robustes d'intégrité des données garantissent que les systèmes fonctionnent correctement, même en cas de défaillance matérielle ou de perturbation externe. Ces systèmes sont conçus pour être tolérants aux pannes, ce qui signifie qu'ils peuvent continuer à fonctionner même en cas de défaillance d'un seul composant.

En revanche, les ordinateurs quantiques sont confrontés à des défis uniques et considérables en termes d'évolutivité et de stabilité. Les principes clés qui rendent les ordinateurs quantiques si puissants - la superposition et l'intrication - sont également la source de leurs plus grands défis. Les qubits doivent être maintenus dans un état quantique précisément contrôlé, ce qui est rendu extrêmement difficile par les interactions avec l'environnement (décohérence). Ce problème devient de plus en plus prononcé à mesure que le nombre de qubits augmente et que les circuits quantiques se complexifient.

La correction d'erreur quantique est un élément clé pour surmonter les défis de la décohérence et d'autres sources d'erreur. Contrairement aux systèmes classiques, dans lesquels la correction d'erreurs est obtenue par redondance et par des algorithmes de correction simples, la correction d'erreurs dans les systèmes quantiques nécessite des approches plus complexes et plus subtiles. Étant donné que la mesure d'un état quantique modifie cet état, les codes de correction d'erreurs quantiques doivent être conçus de manière à pouvoir détecter et corriger les erreurs sans perturber les informations quantiques fragiles.

Malgré ces défis, les avantages potentiels des ordinateurs quantiques sont énormes, en particulier pour les tâches qui dépassent les capacités des ordinateurs classiques. La recherche active dans des domaines tels que la correction d'erreurs quantiques, le développement de conceptions de qubits plus stables et d'algorithmes efficaces pour contrôler les systèmes quantiques, rapproche progressivement la réalisation d'ordinateurs quantiques utilisables dans la pratique. Les développements parallèles de l'informatique classique et de l'informatique quantique promettent un avenir dans lequel les deux technologies seront utilisées de manière complémentaire pour résoudre un large éventail de problèmes, de la recherche fondamentale aux applications pratiques dans l'industrie et la technologie.

Niveau de développement et accessibilité

Le développement et l'utilisation des ordinateurs classiques par rapport aux ordinateurs quantiques reflètent clairement la différence de maturité et d'utilisation de ces technologies.

La technologie qui se cache derrière les ordinateurs classiques n'a cessé d'évoluer au fil des décennies, ce qui a donné naissance à une extraordinaire diversité d'appareils utilisés dans presque tous les aspects de la vie quotidienne et dans presque tous les secteurs d'activité. Les ordinateurs classiques sont le fondement de la société de l'information moderne et permettent tout, des tâches de communication et d'organisation de base aux calculs scientifiques complexes et à l'analyse des données. Leur technologie est mature et fiable, ce qui les rend attrayants pour les utilisateurs finaux comme pour les entreprises. Grâce au large éventail de facteurs de forme disponibles - des puissants serveurs qui constituent l'épine dorsale d'Internet et des grands réseaux d'entreprise aux appareils mobiles qui tiennent dans la poche - les ordinateurs classiques peuvent être utilisés de manière flexible dans une multitude de cas d'application.

En revanche, les ordinateurs quantiques offrent un potentiel révolutionnaire pour la résolution de certaines catégories de problèmes que les ordinateurs classiques ne peuvent pas résoudre ou seulement au prix d'efforts prohibitifs. Malgré des avancées significatives dans le domaine de l'informatique quantique et un intérêt croissant tant de la part de la communauté scientifique que de l'industrie, cette technologie en est encore à un stade de développement précoce. Actuellement, les ordinateurs quantiques sont principalement des outils de recherche et de développement. Certains modèles ont été rendus accessibles via des services en nuage, ce qui permet aux chercheurs et aux développeurs du monde entier d'expérimenter des algorithmes quantiques et d'explorer le potentiel de cette nouvelle forme de calcul. Toutefois, les ordinateurs quantiques ne sont pas encore prêts à être utilisés à grande échelle dans la pratique. Les défis liés à la stabilité, à l'évolutivité et à la vulnérabilité aux erreurs nécessitent la poursuite de recherches et de développements intensifs.

Alors que les ordinateurs classiques continueront à jouer un rôle central dans notre vie quotidienne et dans l'économie mondiale, les scientifiques et les ingénieurs s'efforcent de repousser les limites de la technologie de l'informatique quantique. La vision est de développer les ordinateurs quantiques de manière à ce qu'ils puissent être utilisés de manière complémentaire aux ordinateurs classiques, notamment pour des tâches où ils offrent un avantage unique. Cela pourrait marquer le début d'une nouvelle ère dans le traitement de l'information, où les forces combinées des deux types d'ordinateurs seraient utilisées pour résoudre des problèmes complexes dans les domaines de la science, de la médecine, de la science des matériaux et dans d'autres domaines qui étaient auparavant inaccessibles.

Les ordinateurs classiques et les ordinateurs quantiques ne sont pas directement concurrents, mais complémentaires à bien des égards. Les systèmes classiques resteront indispensables pour la grande majorité des tâches de calcul et pour les applications quotidiennes. Les ordinateurs quantiques, en revanche, pourraient offrir des solutions à des problèmes considérés jusqu'ici comme insurmontables, ouvrant ainsi de nouveaux horizons dans le domaine de la science et de la technologie. L'avenir pourrait voir une combinaison des deux approches, les ordinateurs quantiques et classiques travaillant ensemble pour tirer le meilleur parti de leurs forces respectives.

Le développement des ordinateurs quantiques

Première phase de la recherche et bases théoriques

Les premières phases de la recherche et le développement des bases théoriques de l'informatique quantique sont étroitement liés aux découvertes fondamentales de la mécanique quantique. La mécanique quantique elle-même a commencé à s'établir comme un domaine à part entière de la physique au début du 20e siècle, avec les travaux pionniers de physiciens tels que Max Planck, Albert Einstein, Niels Bohr, Werner Heisenberg, Erwin Schrödinger et bien d'autres. Ces fondements théoriques ont servi de base à la compréhension des comportements uniques et souvent non intuitifs de la matière et de l'énergie aux échelles les plus petites.

L'idée de l'ordinateur quantique, tel que nous le connaissons aujourd'hui, n'a toutefois commencé à prendre forme que dans les années 1980. Certains moments et contributions clés ont contribué de manière décisive au développement des bases théoriques :

Richard Feynman (1981)

Richard Feynman, l'un des physiciens les plus brillants et les plus influents du 20e siècle, a joué un rôle crucial dans la conceptualisation de l'idée d'ordinateur quantique. Ses réflexions et ses propositions ont jeté les bases de tout le développement ultérieur dans le domaine de l'informatique quantique. Lors de son célèbre discours à la conférence de physique de 1981, souvent cité comme "Simulating Physics with Computers", Feynman a exprimé une idée fondamentale concernant les limites des ordinateurs classiques dans la simulation des systèmes de mécanique quantique.

Feynman a fait valoir que les ordinateurs classiques sont intrinsèquement incapables de simuler efficacement des systèmes quantiques. La raison en est la nature même de la mécanique quantique, caractérisée par la superposition, l'intrication et la non-localité - des phénomènes qui n'ont pas d'équivalent direct dans le monde de la physique classique. Un ordinateur classique basé sur des bits binaires devrait utiliser des ressources exponentiellement croissantes pour appréhender ne serait-ce qu'approximativement l'espace d'état d'un système quantique.

L'intuition géniale de Feynman était qu'un ordinateur qui utiliserait lui-même les principes de la mécanique quantique - c'est-à-dire un ordinateur quantique - serait en mesure de surmonter ces limitations. Un tel appareil pourrait simuler nativement des systèmes quantiques en utilisant directement les propriétés de la mécanique quantique de la matière pour effectuer des calculs.

Cette idée était révolutionnaire, car elle ouvrait la voie à un tout nouveau paradigme de traitement de l'information. Au lieu d'essayer de simuler la mécanique quantique dans les limites d'un modèle de calcul classique, Feynman a proposé d'utiliser les règles de la mécanique quantique elle-même comme base pour les calculs et les simulations. Cela ouvrait théoriquement la possibilité d'aborder des problèmes inaccessibles aux ordinateurs classiques, notamment la simulation de molécules et de matériaux, les problèmes d'optimisation et le développement de nouveaux types d'algorithmes quantiques.

La conférence de Feynman a inspiré des générations de physiciens, de mathématiciens et d'informaticiens qui ont développé les concepts et les technologies nécessaires à la réalisation d'ordinateurs quantiques. Bien que les défis techniques soient énormes et que la technologie de l'informatique quantique n'en soit qu'à ses débuts, la recherche continue a déjà permis de réaliser des percées significatives. Elle a en outre permis d'approfondir notre compréhension des fondements de la mécanique quantique et de ses applications dans le traitement de l'information.

Les idées visionnaires de Feynman sont un exemple éclatant de la façon dont des vues théoriques profondes peuvent façonner la direction du développement scientifique et technologique. Sa contribution à l'informatique quantique reste un héritage central dans l'histoire de l'informatique et de la physique quantique.

David Deutsch (1985)

David Deutsch, un physicien britannique, a joué un rôle crucial dans le développement des bases théoriques des ordinateurs quantiques en formulant le concept de machine de Turing quantique dans les années 1980. Ce travail, souvent considéré comme un jalon dans la technologie de l'informatique quantique, a étendu le modèle classique de la machine de Turing, qui est à la base de la compréhension de ce que signifie effectuer des calculs, au domaine quantique.

Le concept de machine de Turing quantique de Deutsch a été la première tentative rigoureuse d'étendre le modèle traditionnel de la machine de Turing - un modèle de machine abstrait représentant les principes du calcul algorithmique - aux systèmes quantiques. Alors qu'une machine de Turing classique est basée sur des états binaires (bits) et utilise des transitions déterministes entre ces états, une machine de Turing quantique utilise des bits quantiques (qubits), qui peuvent être dans des états de superposition, et traite les informations par des transitions quantiques.

Le travail de Deutsch a fourni une base formelle à la théorie de l'informatique quantique et a démontré que les ordinateurs quantiques peuvent potentiellement résoudre certains types de problèmes plus efficacement que les ordinateurs classiques. L'une des principales différences entre les machines de Turing classiques et quantiques réside dans leur capacité à effectuer des calculs en parallèle. En raison des phénomènes quantiques de superposition et d'intrication, les machines de Turing quantiques peuvent effectuer un nombre exponentiel de calculs simultanément, ce qui leur confère un avantage théorique pour certains problèmes.

Les idées de Deutsch ont ouvert la porte au développement d'algorithmes quantiques spécifiques qui exploitent les propriétés uniques des ordinateurs quantiques. L'algorithme de Shor pour la factorisation de grands nombres et l'algorithme de Grover pour la recherche dans des bases de données non triées en sont des exemples. Ces deux algorithmes démontrent la supériorité des ordinateurs quantiques sur les ordinateurs classiques pour des problèmes spécifiques.

En formulant le concept de machine de Turing quantique, David Deutsch a non seulement posé les bases théoriques de l'informatique quantique, mais a également fourni le cadre conceptuel permettant d'explorer les limites et les possibilités de cette nouvelle forme de traitement de l'information. Son travail a montré que les principes de la mécanique quantique ne révèlent pas seulement des phénomènes physiques fascinants, mais qu'ils peuvent aussi avoir des applications pratiques dans le traitement de l'information qui ont le potentiel de changer fondamentalement le paysage de la technologie informatique.

Peter Shor (1994)

Peter Shor, mathématicien américain et professeur au Massachusetts Institute of Technology (MIT), a fait une percée révolutionnaire dans la technologie de l'informatique quantique en développant en 1994 l'algorithme Shor qui porte son nom. Cet algorithme démontre la capacité d'un ordinateur quantique à décomposer de grands nombres en leurs facteurs premiers, et ce dans un temps qui évolue de manière polynomiale avec la longueur des nombres. Cela contraste fortement avec les meilleurs algorithmes connus pour les ordinateurs classiques, dont le temps d'exécution augmente de manière exponentielle avec la longueur du nombre à factoriser.

La factorisation des grands nombres est un problème classique de la théorie des nombres, mais qui trouve des applications pratiques dans la cryptographie, notamment dans le contexte de la méthode de cryptage RSA, très répandue. La sécurité RSA repose sur l'hypothèse que la factorisation d'un grand nombre, qui est le produit de deux grands nombres premiers, est pratiquement impossible pour les ordinateurs classiques. La découverte de Shor a montré que cette hypothèse n'est plus tenable à l'ère des ordinateurs quantiques, puisqu'il existe un algorithme quantique efficace capable de résoudre ce problème.

La capacité potentielle des ordinateurs quantiques à exécuter l'algorithme Shor a des implications profondes pour la sécurité de la plupart des systèmes cryptographiques actuels. Elle souligne la nécessité de développer de nouveaux schémas cryptographiques qui restent sûrs à l'ère des ordinateurs quantiques, connue sous le nom de cryptographie post-quantique.

Le développement de l'algorithme de Shor a agi comme un catalyseur de l'intérêt et des investissements dans la technologie de l'informatique quantique. La perspective de résoudre des problèmes pratiques inaccessibles aux ordinateurs classiques a motivé à la fois la recherche académique et l'industrie à faire avancer le développement d'ordinateurs quantiques. Cela a conduit à une augmentation considérable des efforts pour réaliser des ordinateurs quantiques utilisables dans la pratique, y compris le développement de matériel, de mécanismes de correction d'erreurs et d'autres algorithmes qui exploitent les avantages uniques des ordinateurs quantiques.

Les travaux de Peter Shor sur l'algorithme de Shor marquent un tournant dans l'histoire de l'informatique quantique et soulignent le potentiel de transformation de cette technologie. Alors que les ordinateurs quantiques capables d'exécuter l'algorithme de Shor pour les grands nombres n'existent pas encore, la simple possibilité de tels calculs a déjà influencé l'orientation de la recherche cryptographique et les stratégies de protection des données. La contribution de Shor reste un exemple brillant de l'association de l'informatique théorique et de la physique, et de son impact sur la technologie et la société.

Lov Grover (1996)

Lov Grover, un chercheur des Bell Labs, a contribué de manière significative au développement de la technologie de l'informatique quantique en présentant en 1996 un algorithme connu aujourd'hui sous le nom d'algorithme de Grover. Cet algorithme montre comment les ordinateurs quantiques peuvent rendre la recherche dans une base de données non triée beaucoup plus efficace que les ordinateurs classiques. Alors qu'un ordinateur classique doit rechercher en moyenne la moitié de toutes les entrées de la base de données pour trouver l'élément souhaité, l'algorithme de Grover n'a besoin que d'environ la racine carrée du nombre d'entrées pour parvenir au même résultat.

L'algorithme de Grover utilise la mécanique quantique, et notamment le phénomène de superposition quantique, pour effectuer une recherche parallèle à travers toutes les entrées de la base de données en même temps. Grâce à une séquence habile d'opérations quantiques, connue sous le nom d'amplification d'amplitude, l'algorithme renforce systématiquement la probabilité de trouver l'élément recherché, tout en réduisant les probabilités pour tous les autres éléments. Après une série d'itérations de l'algorithme, l'élément recherché est identifié avec une forte probabilité lorsque la mesure du système quantique est effectuée.

L'algorithme de Grover est un excellent exemple du type de problèmes pour lesquels les ordinateurs quantiques offrent un avantage certain par rapport aux ordinateurs classiques. Il est important de souligner que l'algorithme offre un avantage de vitesse quadratique, ce qui signifie qu'il peut accélérer considérablement les recherches dans de grandes bases de données. Cela contraste avec les avantages de vitesse exponentiels observés avec d'autres algorithmes quantiques, comme l'algorithme de Shor. Néanmoins, le gain de vitesse est important dans la pratique et démontre le potentiel des ordinateurs quantiques à résoudre certaines classes de problèmes de manière plus efficace.

Bien que l'algorithme de Grover ait été spécifiquement développé pour la tâche de recherche de base de données, sa technique de base - l'amplification d'amplitude - a trouvé des applications plus larges dans d'autres domaines, y compris l'apprentissage automatique, les problèmes d'optimisation et le développement de nouveaux algorithmes quantiques. Les principes généraux derrière le travail de Grover ont montré comment le parallélisme quantique et l'interférence peuvent être utilisés pour apporter des améliorations algorithmiques au-delà des approches classiques.

L'algorithme de Grover reste un élément clé de la théorie de l'informatique quantique et un exemple éclatant des possibilités pratiques de cette technologie émergente. Il illustre non seulement comment la mécanique quantique peut être utilisée pour résoudre des problèmes quotidiens, mais aussi comment les ordinateurs quantiques sont capables de dépasser les limites du traitement classique de l'information. Alors que la pleine réalisation de cette technologie est encore dans le futur, la contribution de Grover offre une base solide pour comprendre et explorer davantage le potentiel des ordinateurs quantiques.

Bien que les fondements théoriques de l'informatique quantique soient désormais bien établis, la recherche est confrontée à des défis considérables pour la mise en œuvre pratique. Il s'agit notamment de la création et du maintien de qubits dans des états cohérents, de la mise à l'échelle de systèmes quantiques, de la correction d'erreurs dans un contexte quantique et du développement d'algorithmes quantiques efficaces.

Parallèlement, des développements théoriques dans des domaines tels que la correction d'erreurs quantiques et le développement de nouveaux algorithmes quantiques ont contribué à aborder les obstacles pratiques et à ouvrir la voie à la réalisation d'ordinateurs quantiques fonctionnels.

Les premiers stades de la recherche et les fondements théoriques de la technologie de l'informatique quantique reflètent un changement profond dans notre compréhension du calcul et du traitement de l'information. Alors que les premiers concepts et algorithmes ont révélé l'immense puissance potentielle des ordinateurs quantiques, les scientifiques du monde entier continuent à surmonter les défis techniques et théoriques pour amener cette technologie à sa pleine maturité. Le chemin parcouru depuis les principes fondamentaux de la mécanique quantique jusqu'aux ordinateurs quantiques pratiques est un exemple fascinant de la transformation de concepts scientifiques abstraits en technologies révolutionnaires.

Le développement des premiers algorithmes quantiques

Le développement des premiers algorithmes quantiques a marqué un tournant dans l'histoire de l'informatique et de la physique en transformant le potentiel théorique des ordinateurs quantiques en avantages pratiques de calcul. Ces algorithmes illustrent comment les principes fondamentaux de la mécanique quantique - superposition, intrication et interférence - peuvent être utilisés pour résoudre des problèmes de manières inaccessibles aux ordinateurs classiques. Voici un aperçu des premiers algorithmes quantiques révolutionnaires et de leur signification :

L'algorithme de Deutsch (1985)

David Deutsch a développé le premier algorithme quantique, connu sous le nom d'algorithme de Deutsch, qui résout un problème spécifique : déterminer si une fonction binaire donnée est constante ou équilibrée. Bien que ce problème n'ait pas d'importance pratique en soi, l'algorithme a démontré pour la première fois la possibilité d'utiliser le parallélisme quantique pour le traitement de l'information en résolvant le problème avec une seule opération - un processus qui aurait nécessité deux opérations avec des moyens classiques.

Algorithme Deutsch-Jozsa (1992)

Étendu par Richard Jozsa, l'algorithme Deutsch-Jozsa a étendu le problème initial aux fonctions à entrées multiples, devenant ainsi le premier exemple d'algorithme quantique présentant un avantage exponentiel sur tout algorithme classique déterministe possible. Il démontre de manière impressionnante la supériorité des ordinateurs quantiques pour certains types de problèmes de calcul, même si ces problèmes sont principalement d'intérêt académique.

L'algorithme de Shor (1994)

Le développement par Peter Shor d'un algorithme quantique pour la factorisation de grands nombres et la recherche de logarithmes discrets a fourni la première preuve solide des avantages pratiques des ordinateurs quantiques. L'algorithme de Shor peut factoriser de grands nombres exponentiellement plus rapidement que les meilleurs algorithmes classiques connus, ce qui a des implications importantes pour la cryptographie, en particulier pour les systèmes de chiffrement comme RSA, qui sont basés sur la difficulté de factoriser de grands nombres.

L'algorithme de Grover (1996)

L'algorithme de Lov Grover pour accélérer la recherche dans une base de données non triée offrait un avantage de vitesse quadratique par rapport aux algorithmes de recherche classiques. Cet algorithme a montré que les ordinateurs quantiques peuvent offrir des avantages non seulement pour des problèmes mathématiques spécifiques, mais aussi pour des problèmes de calcul plus généraux.

Importance des premiers algorithmes quantiques

Ces premiers algorithmes quantiques ont joué un rôle crucial dans la formulation de la théorie et du potentiel de l'informatique quantique. Ils ont fourni la preuve que les ordinateurs quantiques étaient capables de surpasser les ordinateurs classiques pour certaines tâches de calcul et ont motivé la recherche théorique et pratique dans ce domaine émergent. Bien que nombre de ces premiers algorithmes résolvaient des problèmes académiques, ils ont jeté les bases du développement d'autres algorithmes quantiques avec des applications pratiques directes et ont contribué de manière significative à accroître l'intérêt et les investissements dans la technologie de l'informatique quantique.

Supériorité quantique (2016)

Google annonce que son processeur quantique Sycamore a résolu un problème de calcul spécifique pratiquement insoluble pour les superordinateurs classiques, un jalon souvent qualifié de "supériorité quantique". Nous y reviendrons plus tard.

Développement du matériel quantique

Le développement du matériel quantique est un processus qui évolue rapidement et qui englobe une multitude d'approches et de technologies. Les progrès dans ce domaine sont essentiels pour la réalisation d'ordinateurs quantiques utilisables dans la pratique.

Qubits supraconducteurs

Des entreprises comme IBM, Google et Rigetti sont à la pointe du développement d'ordinateurs quantiques basés sur des circuits supraconducteurs. Cette technologie s'est imposée comme l'une des approches les plus prometteuses pour la réalisation d'ordinateurs quantiques utilisables dans la pratique. Le choix de circuits supraconducteurs pour la génération de qubits présente plusieurs avantages, notamment en termes d'évolutivité et de progrès dans la correction des erreurs.

Les qubits supraconducteurs utilisent les propriétés uniques des matériaux supraconducteurs, qui peuvent conduire le courant électrique sans résistance. En appliquant un rayonnement micro-ondes à ces circuits, il est possible de créer des états adaptés à l'exécution de calculs quantiques. Ces qubits peuvent être fabriqués relativement facilement par des procédés lithographiques similaires à ceux utilisés dans l'industrie des semi-conducteurs, ce qui facilite leur intégration dans des systèmes plus grands.

L'un des principaux avantages des qubits supraconducteurs réside dans leur relative facilité de mise à l'échelle. Comme cette technologie partage des méthodes de fabrication compatibles avec l'industrie existante des semi-conducteurs, il est théoriquement plus facile de développer des systèmes avec un plus grand nombre de qubits. IBM, Google et Rigetti ont déjà présenté des démonstrations de processeurs quantiques avec des dizaines de qubits, ce qui souligne la faisabilité de cette approche.

Un autre domaine crucial dans lequel des progrès considérables ont été réalisés est celui de la correction des erreurs. Bien que les qubits supraconducteurs soient sensibles aux perturbations extérieures qui peuvent entraîner des erreurs, l'application de codes de correction d'erreurs quantiques permet de détecter et de corriger ces erreurs. Des entreprises telles que Google ont fait des progrès significatifs dans le développement et la mise en œuvre de ces méthodes de correction d'erreurs, qui sont essentielles pour réaliser des calculs quantiques fiables.

Malgré les progrès réalisés, des défis subsistent, notamment en ce qui concerne les risques d'erreur et la nécessité de températures de fonctionnement extrêmement froides pour maintenir la supraconductivité. Ces exigences augmentent la complexité et le coût des systèmes d'informatique quantique.

Ions piégés

Le développement d'ordinateurs quantiques basés sur la technologie des ions piégés représente un domaine de recherche prometteur.

Des start-ups comme IonQ ainsi que de nombreux groupes de recherche universitaires dans le monde entier se consacrent à cette approche, qui se caractérise par de longs temps de cohérence et une grande fidélité des opérations quantiques. Ces caractéristiques rendent les ordinateurs quantiques à piège à ions particulièrement attrayants pour une grande variété d'applications nécessitant un traitement de l'information quantique précis et fiable.

Les ions captifs offrent une excellente base pour la réalisation d'ordinateurs quantiques grâce à leurs états quantiques stables et à la possibilité de les conserver pendant de longues périodes. La grande fidélité des opérations quantiques effectuées entre les ions favorise l'exécution de calculs complexes avec une erreur minimale, ce qui est essentiel pour la fiabilité des résultats. En outre, la technologie permet une flexibilité et une reconfigurabilité uniques des réseaux de qubits, obtenues grâce au contrôle précis des pièges électromagnétiques dans lesquels les ions sont maintenus.

Malgré ces caractéristiques prometteuses, les développeurs d'ordinateurs quantiques à piège à ions sont confrontés à d'importants défis techniques. La nature complexe de la capture et de la manipulation d'ions individuels nécessite des techniques et des équipements sophistiqués, ce qui complique le développement et la maintenance de tels systèmes. En outre, bien que cette technologie soit théoriquement facile à mettre en œuvre, sa mise à l'échelle présente des difficultés dans la pratique. Assurer l'intégration et l'interaction efficaces d'un grand nombre de qubits dans un seul système cohérent reste l'une des principales tâches des chercheurs dans ce domaine.

Cependant, les efforts continus pour résoudre ces défis indiquent un grand potentiel pour les ordinateurs quantiques à piège à ions. Le travail d'entreprises telles que IonQ et des groupes de recherche du monde entier montre des progrès significatifs vers des ordinateurs quantiques utilisables dans la pratique. Ceux-ci pourraient, dans un avenir proche, annoncer une révolution dans des domaines tels que la science des matériaux, l'optimisation et la cryptographie, en offrant des solutions à des problèmes inaccessibles aux ordinateurs classiques. Le développement dans ce domaine reste donc un domaine passionnant avec la perspective de percées technologiques révolutionnaires.

Points quantiques

Les points quantiques, utilisés dans la technologie de l'informatique quantique, représentent une approche innovante et prometteuse pour la réalisation d'ordinateurs quantiques. Ces particules semi-conductrices nanométriques offrent la possibilité de représenter des bits quantiques ou qubits en raison de leurs propriétés physiques uniques. La taille et la forme d'un point quantique déterminent ses propriétés électroniques, y compris les niveaux d'énergie de ses électrons, ce qui les rend particulièrement attrayants pour une utilisation dans le traitement de l'information quantique.

L'un des principaux avantages des points quantiques réside dans leur compatibilité potentielle avec les processus de fabrication de semi-conducteurs existants. Comme ils peuvent être fabriqués à partir de matériaux déjà utilisés dans l'industrie des semi-conducteurs, cela ouvre la possibilité de produire des ordinateurs quantiques à l'aide de techniques établies de micro et nanofabrication. Cette compatibilité promet non seulement une bonne évolutivité, en permettant d'intégrer de nombreux qubits sur une seule puce, mais aussi une réduction des coûts de production, ce qui pourrait être décisif pour le développement commercial des technologies d'ordinateurs quantiques.

Malgré ces perspectives prometteuses, les chercheurs et les ingénieurs qui travaillent sur le développement d'ordinateurs quantiques basés sur des points quantiques sont confrontés à des défis considérables. L'un des principaux défis est le contrôle précis des propriétés des points quantiques. La fabrication de points quantiques de tailles, de formes et de compositions définies avec précision est essentielle pour obtenir les états et les propriétés quantiques souhaités. Toute irrégularité peut entraîner des comportements imprévisibles des qubits et augmenter la vulnérabilité du système aux erreurs.

Un autre problème critique est le maintien de la cohérence des qubits. Dans un environnement naturellement sujet aux perturbations, les points quantiques doivent être protégés des influences extérieures telles que les fluctuations thermiques et les rayonnements électromagnétiques, qui pourraient perturber les états quantiques sensibles et raccourcir les temps de cohérence. Le développement de techniques permettant d'isoler et de protéger les points quantiques de telles perturbations est donc essentiel pour la réalisation d'ordinateurs quantiques utilisables dans la pratique.

La recherche sur les points quantiques pour l'informatique quantique en est encore à un stade relativement précoce, mais les progrès réalisés dans ce domaine pourraient jeter les bases d'une nouvelle génération d'ordinateurs quantiques à la fois puissants et évolutifs. Les efforts continus dans les domaines de la science des matériaux, de la nanotechnologie et de la physique quantique sont essentiels pour surmonter les défis et exploiter pleinement le potentiel des points quantiques.

Photons

L'utilisation de photons pour représenter des qubits dans le traitement quantique de l'information, notamment dans la communication et la cryptographie quantiques, offre des avantages uniques.

Les photons, les composants de base de la lumière, conviennent parfaitement à la transmission d'informations quantiques sur de longues distances. L'un de leurs principaux avantages est leur capacité à être transportés à température ambiante et sur de longues distances sans subir de décohérence déterminante. Cette propriété fait des photons des candidats idéaux pour la réalisation de réseaux de communication quantiques sécurisés et pour le développement de technologies telles que l'Internet quantique.

Un autre avantage décisif des qubits photoniques réside dans leur immunité à de nombreux types de perturbations environnementales qui affectent typiquement les systèmes électroniques. Les photons ne sont pas sensibles aux interférences électromagnétiques du type de celles que peuvent subir les qubits électroniques, ce qui les rend particulièrement utiles pour les applications de cryptographie quantique. Par exemple, des protocoles tels que le protocole BB84 pour l'échange de clés quantiques utilisent les propriétés quantiques uniques des photons pour permettre une communication théoriquement sûre. Toute tentative d'écoute perturberait inévitablement les états quantiques des photons et les rendrait donc détectables.

Malgré ces caractéristiques prometteuses, le développement d'ordinateurs et de systèmes de communication quantiques photoniques se heurte à un défi essentiel : réaliser l'interaction effective des photons entre eux. Contrairement aux qubits basés sur la matière, qui peuvent interagir relativement facilement les uns avec les autres, les photons ont tendance à se croiser sans interaction. Cependant, pour effectuer des calculs quantiques, il est nécessaire que les qubits interagissent entre eux d'une manière contrôlée afin de mettre en œuvre des portes quantiques. L'obtention d'interactions fortes entre les photons nécessite l'utilisation de techniques et de matériaux spéciaux, tels que les milieux optiques non linéaires ou l'utilisation de points quantiques et d'autres nanomatériaux comme intermédiaires.

La recherche dans ce domaine se concentre sur le développement de méthodes innovantes pour surmonter ce défi. Des approches telles que l'utilisation de paires de photons intriqués, le développement de cristaux photoniques pour contrôler la propagation de la lumière et l'utilisation de systèmes d'électrodynamique quantique (QED) à cavité ne sont que quelques-unes des stratégies explorées pour permettre des interactions photon-photon efficaces. Les progrès de la photonique et de l'optique quantique sont essentiels à la réalisation de ces technologies et pourraient ouvrir la voie au développement de réseaux de communication quantiques hautement sécurisés et d'ordinateurs quantiques puissants basés sur l'utilisation des photons.

Centres NV en diamant

Les vides d'azote (centres NV) dans les diamants représentent une direction dans la technologie de l'informatique quantique qui a le potentiel de réaliser des systèmes quantiques robustes et réalisables. Les centres NV se forment lorsque deux atomes de carbone voisins dans la structure du diamant sont remplacés par un atome d'azote et un vide (un atome de carbone manquant). Ces défauts présentent des propriétés électroniques uniques qui les rendent particulièrement adaptés au traitement quantique de l'information.

L'un des avantages les plus marquants des centres NV est leur capacité à fonctionner à température ambiante. Contrairement à de nombreux autres systèmes de qubits qui nécessitent des températures extrêmement basses pour fonctionner de manière stable, les centres NV peuvent fonctionner dans une plage de températures beaucoup plus large. Cela simplifie considérablement les exigences techniques des systèmes de calcul quantique et les rend potentiellement plus accessibles et plus pratiques pour une grande variété d'applications.

De plus, les centres NV offrent des temps de cohérence relativement longs. Le temps de cohérence d'un qubit est une mesure de la durée pendant laquelle il peut conserver son état quantique avant d'être perturbé par des influences environnementales. Des temps de cohérence plus longs sont essentiels pour effectuer des calculs quantiques complexes, car ils donnent aux chercheurs plus de temps pour effectuer des opérations quantiques avant que la décohérence ne se produise.

Malgré ces avantages, les chercheurs sont confrontés à des défis considérables lorsqu'ils travaillent avec des centres NV. L'une des principales difficultés réside dans la manipulation et le contrôle précis des centres NV. Le contrôle précis des états quantiques de ces défauts nécessite des techniques optiques et magnétiques sophistiquées, qui doivent encore être développées et affinées pour permettre un traitement fiable et efficace de l'information quantique.

Un autre défi important est l'intégration des centres NV à plus grande échelle. Alors que des centres NV individuels peuvent fonctionner comme des qubits, un ordinateur quantique utilisable en pratique nécessite le contrôle précis d'un grand réseau de qubits pouvant interagir entre eux. Le développement de techniques permettant de mettre à l'échelle et de construire des réseaux de centres NV sans compromettre leurs propriétés de cohérence est un domaine de recherche actif.

La recherche et le développement dans le domaine des centres NV dans les diamants sont prometteurs et pourraient déboucher sur des ordinateurs quantiques robustes, fonctionnels à température ambiante et relativement faciles à manipuler. Les progrès de la science des matériaux, de la nanotechnologie et de la physique quantique jouent un rôle crucial pour surmonter les défis existants. La résolution de ces problèmes pourrait ouvrir la voie à de nouvelles plateformes d'informatique quantique qui pourraient être utilisées pour un large éventail d'applications, de la simulation quantique à la cryptographie quantique en passant par la technologie des capteurs.

Qubits topologiques

Les qubits topologiques représentent une approche particulièrement passionnante et avancée de l'informatique quantique. Leur développement est basé sur le concept de matière quantique topologique et utilise la théorie mathématique de la topologie pour créer une nouvelle forme de qubits qui sont intrinsèquement protégés contre de nombreux types de perturbations et d'erreurs. Cette propriété rend les qubits topologiques particulièrement prometteurs pour la création d'ordinateurs quantiques robustes et évolutifs, moins sensibles à la décohérence et aux erreurs qui affectent la fiabilité et l'efficacité des systèmes quantiques traditionnels.

Le cœur des qubits topologiques réside dans l'utilisation de quasi-particules, connues sous le nom d'anions, qui peuvent apparaître dans certains matériaux bidimensionnels dans des conditions spécifiques. Les anions ont la propriété remarquable que leur échange (c'est-à-dire le déplacement d'un anion autour d'un autre) modifie l'état du système d'une manière qui ne dépend que de la classe topologique de la trajectoire d'échange, et non des détails exacts du chemin. Ces opérations d'échange, connues sous le nom de "braiding" (enchevêtrement), modifient l'état du système d'une manière prévisible et robuste, ce qui peut être utilisé pour réaliser des calculs quantiques.

Le principal avantage des qubits topologiques réside dans leur tolérance théorique aux erreurs. Étant donné que l'information est stockée dans les propriétés topologiques globales du système, les perturbations locales, qui entraînent typiquement des erreurs dans les ordinateurs quantiques, sont moins susceptibles d'affecter ces états. Cela réduit considérablement le besoin de codes de correction d'erreurs complexes, qui sont nécessaires dans d'autres systèmes d'ordinateurs quantiques.

La réalisation de qubits topologiques se heurte toutefois à des défis scientifiques et techniques considérables. L'existence des anions nécessaires aux qubits topologiques doit être démontrée et rendue contrôlable dans des systèmes pratiques. Actuellement, les matériaux susceptibles d'abriter des fermions de Majorana - une classe d'anions particulièrement adaptés à la création de qubits topologiques - font l'objet de recherches intensives. De plus, la manipulation et la lecture d'états encodés dans les propriétés topologiques des matériaux nécessitent des techniques et des approches innovantes.

Malgré ces défis, l'approche topologique offre une perspective pour l'avenir de la technologie informatique quantique, avec le potentiel de créer des ordinateurs quantiques plus puissants et plus fiables que jamais. Le développement réussi de qubits topologiques pourrait conduire à une révolution dans le traitement de l'information quantique, avec des applications étendues dans la cryptographie, la science des matériaux, et au-delà. La recherche dans ce domaine est très actuelle et combine des concepts de la physique quantique, de la science des matériaux, des mathématiques et de l'informatique, ce qui ouvre la possibilité de redéfinir les limites de ce qui est possible avec les ordinateurs.

Choix de la technologie

Le choix de la technologie pour le développement de qubits, et donc d'ordinateurs quantiques, est une décision enracinée dans les exigences des tâches informatiques quantiques envisagées et dans les possibilités physiques et techniques des différents systèmes de qubits. Chaque technologie de qubit apporte ses avantages spécifiques, ses défis et ses domaines d'application potentiels, qui vont des caractéristiques de base telles que les temps de cohérence, la vitesse d'opération, l'évolutivité à la compatibilité avec l'infrastructure technologique existante.

Les qubits supraconducteurs et les ions piégés sont deux des technologies les plus avancées dans le domaine de l'informatique quantique. Les qubits supraconducteurs bénéficient d'une intégration relativement simple dans les processus de fabrication de semi-conducteurs existants et donnent déjà des résultats impressionnants dans des prototypes d'ordinateurs quantiques développés par des entreprises technologiques et des instituts de recherche de premier plan. Leurs temps de cohérence et leurs vitesses d'opération sont prometteurs pour de nombreuses applications, bien que la mise à l'échelle au-delà de centaines ou de milliers de qubits présente encore des défis.

Les ions captifs, avec leurs longs temps de cohérence et leur grande précision opérationnelle, représentent une autre approche prometteuse. Ils se sont révélés extraordinairement précis dans l'exécution d'opérations quantiques et offrent la possibilité de développer des ordinateurs quantiques stables. Les défis ici sont principalement la mise à l'échelle et l'intégration dans un système d'ordinateur quantique viable qui fonctionne de manière efficace et fiable.

Les points quantiques et les qubits photoniques se trouvent à un stade de développement plus précoce que les qubits supraconducteurs et les ions piégés. Les points quantiques offrent des perspectives intéressantes en raison de leur compatibilité potentielle avec les processus de semi-conducteurs existants et de leur température de fonctionnement possible à température ambiante. Les défis ici sont le contrôle précis des états quantiques et l'intégration dans des systèmes plus grands. Les qubits photoniques, particulièrement prometteurs pour la communication et la cryptographie quantiques, sont confrontés au défi de trouver des méthodes efficaces d'interaction entre les photons, ce qui est nécessaire pour effectuer des calculs quantiques complexes.

Communication et cryptographie quantiques

La communication et la cryptographie quantiques représentent des applications de la mécanique quantique qui ont le potentiel de changer fondamentalement la manière dont les informations sont transmises en toute sécurité. La distribution quantique de clés, en particulier, est un domaine dans lequel des progrès importants ont déjà été réalisés, ce qui a conduit au développement des premiers systèmes commerciaux. Ces systèmes utilisent des principes fondamentaux de la mécanique quantique pour permettre une communication théoriquement sûre.

Cryptage quantique

Le développement des premiers systèmes commerciaux de distribution de clés quantiques (QKD) marque une étape importante sur la voie d'une communication théoriquement sécurisée.

Les systèmes QKD utilisent les principes uniques de la mécanique quantique, notamment l'intrication quantique et l'indétermination, pour permettre la transmission sécurisée de clés de cryptage entre deux parties. Au cœur de cette technologie se trouve la propriété selon laquelle toute observation ou mesure d'un système quantique modifie inévitablement son état. Cela signifie que toute tentative d'interception des informations quantiques utilisées pour l'échange de clés sera détectée par les partenaires de communication.

Contrairement aux méthodes cryptographiques traditionnelles, dont la sécurité repose sur la difficulté de calcul à résoudre certains problèmes mathématiques (comme la factorisation de grands nombres), la sécurité du QKD repose sur les lois fondamentales de la physique quantique. Cela offre une forme de sécurité considérée comme à l'épreuve du temps, car elle ne peut pas être compromise par les avancées technologiques.

Les premiers systèmes QKD commerciaux offrent des applications prometteuses pour un grand nombre de secteurs qui ont besoin de canaux de communication sécurisés. Il s'agit entre autres du secteur financier, des organisations de sécurité gouvernementales et des opérateurs d'infrastructures critiques. En assurant une distribution sécurisée des clés, les systèmes QKD peuvent contribuer à protéger la confidentialité et l'intégrité des informations sensibles.

Malgré le potentiel impressionnant du QKD, la technologie et sa mise en œuvre font face à des défis. Il s'agit notamment de la nécessité d'augmenter la portée et l'efficacité des systèmes, ainsi que de réduire les coûts de mise en œuvre. Toutefois, les progrès réalisés dans la technologie des communications quantiques, y compris le développement de systèmes QKD basés sur des satellites et l'intégration du QKD dans les réseaux optiques existants, indiquent que ces défis peuvent être de plus en plus surmontés.

La recherche et le développement continus dans le domaine des communications quantiques promettent d'améliorer encore les capacités et la disponibilité des systèmes QKD. Avec la miniaturisation progressive de la technologie et son intégration dans les infrastructures de communication existantes, les systèmes QKD pourraient jouer un rôle de plus en plus important dans la garantie de la sécurité globale des communications. L'avenir de la communication et de la cryptographie quantiques semble donc prometteur, avec le potentiel d'ouvrir une nouvelle ère dans la sécurité des communications, basée sur les principes immuables de la mécanique quantique.

Internet quantique

Le développement d'un Internet quantique représente l'une des avancées les plus fascinantes, mais aussi les plus stimulantes, de la technologie de communication moderne.

Cet objectif ambitieux repose sur les principes de la mécanique quantique, notamment sur le phénomène d'intrication quantique déjà présenté, qui offre la base d'un mode de transmission d'informations révolutionnaire.

Un Internet quantique utilise l'intrication quantique pour transmettre des informations entre deux points via ce que l'on appelle des bits quantiques ou qubits, sans que l'information n'ait à parcourir un chemin physique entre les deux points. Cela permet non seulement d'élargir la bande passante de la transmission d'informations, mais aussi d'augmenter la sécurité, car toute forme d'interception perturberait les états quantiques et les rendrait donc immédiatement détectables.

La réalisation d'un tel réseau quantique nécessite toutefois des avancées révolutionnaires dans le domaine de la technologie quantique. Des initiatives de recherche dans le monde entier, y compris des projets gouvernementaux, des institutions académiques et des entreprises privées, investissent des ressources considérables pour surmonter les défis techniques. Il s'agit notamment du développement de répéteurs quantiques nécessaires pour couvrir de grandes distances, de la création et de la manipulation fiables d'états intriqués et de l'intégration avec les infrastructures de télécommunications existantes.

L'une des applications clés de l'Internet quantique est la création de réseaux de communication théoriquement sûrs contre toute forme de cyberattaque. Le cryptage quantique, une application directe de l'enchevêtrement quantique, permettrait de transmettre des messages de telle sorte qu'ils ne puissent être lus que par le destinataire prévu dans leur état d'origine. Toute tentative d'interception des informations transmises modifierait les états quantiques et révélerait ainsi la présence de celui qui écoute.

Bien que la vision d'un Internet quantique entièrement réalisé soit encore lointaine, les projets de recherche et de développement en cours marquent des étapes significatives vers cet objectif. La mise en œuvre réussie d'un tel système pourrait changer radicalement notre façon de penser la transmission et la sécurité des données et inaugurer une nouvelle ère de communication basée sur les principes fondamentaux de la mécanique quantique. Les progrès dans ce domaine sont observés avec une grande attention, car ils ont le potentiel de révolutionner le paysage de la communication et de la sécurité mondiales.

L'Internet quantique promet d'amener la technologie de communication bien au-delà des limites de la transmission classique de données. Il s'appuie sur les principes de la mécanique quantique, notamment sur l'intrication quantique, qui permet de partager des informations entre partenaires à n'importe quelle distance sans que ces informations aient besoin d'utiliser un mode de transmission classique. Ce concept révolutionnaire offre de nombreux domaines d'application et avantages qui pourraient améliorer considérablement la sécurité et l'efficacité de la transmission de données.

Domaines d'application

- Cryptographie quantique et communication sécurisée : le domaine d'application le plus immédiat et le plus évident d'un Internet quantique est sans doute la cryptographie quantique, en particulier le protocole de distribution de clés quantiques (QKD). QKD permet à deux parties de partager une clé de communication sécurisée qui est immunisée contre les tentatives d'interception. La sécurité repose sur les lois de la mécanique quantique, qui stipulent que la mesure d'un état quantique modifie cet état. Un intrus ne peut donc pas passer inaperçu.

- Cloud computing sécurisé : dans un monde où les services de cloud computing prennent de plus en plus d'importance, un internet quantique pourrait considérablement améliorer la sécurité de ces services. Les données pourraient être stockées et transmises dans des états quantiques, ce qui les protégerait du piratage et des accès non autorisés.
- Réseaux distribués d'informatique quantique : les ordinateurs quantiques promettent de résoudre des problèmes pratiquement insolubles pour les ordinateurs classiques. Un internet quantique pourrait relier les ordinateurs quantiques sur de longues distances, améliorant ainsi leur capacité de calcul et leur efficacité grâce à l'informatique distribuée.
- Amélioration des capteurs et des télescopes : l'intrication quantique peut également être utilisée pour augmenter la sensibilité des capteurs et des télescopes. Un Internet quantique pourrait faciliter la coordination de ces appareils sur de longues distances, ce qui pourrait permettre, par exemple en astronomie, de mieux comprendre l'univers.

Avantages

- Une sécurité inviolable : le principal avantage d'un Internet quantique réside dans sa sécurité. La transmission d'informations sur les états et les enchevêtrements quantiques est en principe à l'abri de tout accès non autorisé, car toute mesure ou perturbation de l'état serait immédiatement détectable.
- Grande efficacité : la communication quantique pourrait être plus efficace que les méthodes de communication traditionnelles, car elle est capable de transmettre et de traiter plusieurs états simultanément. Cela pourrait conduire à une augmentation significative des capacités de transmission.
- Portée mondiale : un autre avantage important est la possibilité de transmettre des informations presque instantanément sur n'importe quelle distance. Cela contraste avec les méthodes de communication traditionnelles, où la vitesse de transmission est limitée par la distance et le support de transmission.
- Promouvoir la recherche scientifique : un internet quantique permettrait également de faire avancer la recherche scientifique en ouvrant de nouvelles possibilités d'expérimentation en physique quantique et dans des disciplines connexes. Il pourrait aider à répondre à certaines des questions fondamentales de la physique et

conduire au développement de nouvelles technologies.

Dans l'ensemble, l'internet quantique représente une technologie de pointe qui a le potentiel de changer radicalement la manière dont nous pensons la communication, la sécurité et le traitement des données. Si la mise en œuvre pratique présente encore quelques défis, les chercheurs du monde entier travaillent déjà à la concrétisation de la vision d'un Internet quantique mondial, sûr et efficace.

Systèmes quantiques évolutifs

Le développement de systèmes quantiques évolutifs constitue l'un des principaux domaines de recherche en informatique quantique. Ces systèmes doivent être capables de manipuler et de contrôler efficacement un grand nombre de qubits afin d'effectuer des calculs complexes dépassant largement les capacités des ordinateurs classiques.

Les progrès dans la correction des erreurs et dans l'architecture des systèmes d'ordinateurs quantiques sont deux aspects essentiels de cette démarche. Ces développements sont essentiels à la réalisation d'ordinateurs quantiques à grande échelle et tolérants aux pannes.

Progrès dans la correction des erreurs

Les ordinateurs quantiques sont vulnérables aux erreurs dues à la décohérence et au bruit quantique, en raison de l'interaction des qubits avec leur environnement. L'information étant stockée dans des états quantiques, la moindre influence extérieure peut perturber ces états et altérer les informations stockées. Les progrès en matière de correction d'erreurs sont donc essentiels pour pouvoir effectuer des calculs fiables avec des ordinateurs quantiques.

Les codes de correction d'erreurs quantiques sont complexes et nécessitent généralement l'utilisation de plusieurs qubits physiques pour rendre un seul qubit logique tolérant aux erreurs. Ces codes permettent au système de détecter et de corriger les erreurs sans mesurer ou perturber l'information quantique elle-même. Le développement de mécanismes efficaces de correction des erreurs est l'un des principaux défis à relever pour parvenir à des systèmes quantiques évolutifs, car il implique un nombre considérable de qubits supplémentaires et une complexité accrue du système.

Améliorations de l'architecture du système

L'architecture d'un ordinateur quantique joue un rôle crucial dans son évolutivité et ses performances. Contrairement aux ordinateurs classiques, dont l'architecture est relativement standardisée, les ordinateurs quantiques font l'objet d'une multitude d'approches, dont des systèmes basés sur des qubits supraconducteurs, des pièges à ions, des qubits topologiques et des photons. Chacune de ces technologies présente ses propres avantages et inconvénients en termes de sensibilité aux erreurs, de temps de cohérence, d'évolutivité et de contrôlabilité. Le choix et l'optimisation de l'architecture du système dépendent de l'application pour laquelle l'ordinateur quantique est développé. Les progrès réalisés dans les domaines de la science des matériaux, de la nanotechnologie et de l'ingénierie optique contribuent au développement d'architectures capables de contrôler et d'interconnecter de manière fiable un plus grand nombre de qubits.

L'intégration de codes correcteurs d'erreurs dans l'architecture du système est une autre étape importante. Cela nécessite une collaboration étroite entre les domaines du matériel quantique et du développement algorithmique, afin de garantir que les systèmes ne soient pas seulement grands et puissants, mais aussi utilisables en pratique.

Perspectives

La réalisation d'ordinateurs quantiques à grande échelle et tolérants aux erreurs représenterait un saut quantique dans le traitement de l'information. De tels systèmes pourraient résoudre des tâches dans les domaines de la science des matériaux, du développement de médicaments, des problèmes d'optimisation et de la cryptographie d'une manière inaccessible aux systèmes classiques. Malgré les énormes défis techniques qu'il reste à surmonter, les progrès continus dans la correction des erreurs et l'architecture des systèmes rendent de plus en plus probable la réalisation future de tels ordinateurs quantiques. La recherche et le développement dans ces domaines sont essentiels pour repousser les limites de ce qui est possible avec la technologie informatique et pour exploiter pleinement l'énorme potentiel de l'informatique quantique.

Algorithmes quantiques pour applications pratiques

La recherche et le développement d'algorithmes quantiques, qui offrent des avantages spécifiques par rapport aux algorithmes classiques, constituent un domaine prometteur au sein de l'informatique quantique. Ces algorithmes sont conçus pour exploiter les propriétés uniques des ordinateurs quantiques afin de résoudre plus efficacement des problèmes dans différents domaines tels que la science des matériaux, les problèmes d'optimisation et l'apprentissage automatique.

Science des matériaux

Dans le domaine de la science des matériaux, les algorithmes quantiques pourraient être utilisés pour simuler et analyser les propriétés de molécules et de matériaux complexes à un niveau quantique. Ces simulations sont extrêmement gourmandes en temps de calcul, voire impossibles pour les ordinateurs classiques, car le nombre d'états possibles dans un système quantique croît de manière exponentielle avec le nombre de particules. Les ordinateurs quantiques peuvent toutefois utiliser la superposition d'états pour simuler directement et efficacement de tels systèmes. Cela pourrait ouvrir la voie à la découverte de nouveaux matériaux, au développement de batteries à haute performance, de cellules solaires améliorées et de nouveaux médicaments.

Problèmes d'optimisation

Les problèmes d'optimisation sont omniprésents dans de nombreux domaines industriels et scientifiques, de la logistique à l'ingénierie en passant par la finance. Les ordinateurs quantiques offrent la possibilité de trouver plus rapidement des solutions à ces problèmes en explorant simultanément un large éventail de solutions potentielles et en identifiant rapidement les solutions optimales ou presque optimales grâce à l'interférence quantique. Par exemple, les algorithmes quantiques pourraient contribuer à améliorer l'efficacité des chaînes d'approvisionnement, à réduire les coûts de fabrication ou à résoudre des problèmes de réseau complexes.

Apprentissage automatique

Dans le domaine de l'apprentissage automatique, les algorithmes quantiques pourraient contribuer à améliorer la vitesse et l'efficacité des algorithmes d'apprentissage. Les ordinateurs quantiques pourraient par exemple être utilisés pour la reconnaissance des formes, l'optimisation des modèles d'apprentissage automatique ou l'accélération des processus à forte intensité de données tels que l'entraînement des réseaux neuronaux profonds. Grâce à leur capacité à traiter simultanément de grandes quantités de données et à effectuer des calculs complexes, les ordinateurs quantiques pourraient révolutionner la manière dont nous utilisons l'apprentissage automatique et l'intelligence artificielle.

Cependant, le développement de ces algorithmes est confronté à des défis considérables. Il s'agit notamment de la nécessité d'adapter les algorithmes aux capacités et aux ressources encore limitées des ordinateurs quantiques actuels, ainsi que du développement de nouveaux cadres théoriques et de nouvelles techniques pour la programmation quantique. Malgré ces défis, le potentiel des algorithmes quantiques est énorme et la recherche dans ce domaine est très active dans le monde entier. Les avancées dans ce domaine pourraient non seulement conduire à des percées scientifiques et technologiques majeures, mais aussi permettre l'émergence de modèles commerciaux et de secteurs industriels entièrement nouveaux.

Dans l'ensemble, nous sommes peut-être à l'aube d'une nouvelle ère de la technologie informatique, dans laquelle les ordinateurs quantiques et les algorithmes qui leur sont adaptés permettront de résoudre des problèmes réels d'une manière jusqu'ici inimaginable. Les recherches menées dans les années à venir seront cruciales pour libérer tout le potentiel de cette technologie et développer des applications pratiques pour la société.

Démonstration de la supériorité quantique

La démonstration de la supériorité quantique est une étape importante dans le développement de la technologie de l'ordinateur quantique. La supériorité quantique désigne le point à partir duquel un ordinateur quantique peut résoudre une tâche spécifique plus rapidement ou plus efficacement que le superordinateur classique le plus puissant disponible. Ce concept n'est pas seulement un indicateur important des progrès pratiques de la technologie informatique quantique, mais aussi une preuve du potentiel théorique des ordinateurs quantiques à résoudre des problèmes inaccessibles aux ordinateurs classiques.

Le processeur Sycamore de Google

En 2019, Google a annoncé une percée dans la technologie de l'informatique quantique avec son processeur Sycamore de 54 qubits.

Google a affirmé avoir atteint la supériorité quantique en effectuant une tâche de calcul spécifique en 200 secondes environ, ce qui aurait pris environ 10 000 ans au superordinateur traditionnel le plus puissant du monde, l'IBM Summit. Bien que la tâche résolue par le processeur Sycamore n'ait eu qu'un intérêt académique et aucune application pratique, elle a clairement démontré la capacité des ordinateurs quantiques à effectuer des calculs qui sont hors de portée des ordinateurs classiques.

L'annonce de Google a marqué un moment historique pour la communauté de l'informatique quantique et le monde scientifique au sens large, mais a également déclenché un débat sur la définition et la signification de la supériorité quantique. Certains experts et entreprises, dont IBM, ont souligné que la tâche spécifique choisie par Google pour sa démonstration n'avait pas d'utilité pratique directe et que les méthodes d'estimation du temps nécessaire aux ordinateurs classiques pour réaliser cette tâche n'étaient pas claires.

Indépendamment des débats, la démonstration de la supériorité quantique par Google a une signification symbolique : elle montre que les ordinateurs quantiques ont le potentiel de dépasser largement les limites du traitement classique de l'information. Ce succès a renforcé l'intérêt et les investissements dans la technologie de l'informatique quantique dans le monde entier, ce qui a entraîné une accélération des activités de recherche et de développement, tant dans le monde scientifique que dans l'industrie.

Atteindre la supériorité quantique n'est qu'une première étape sur le long chemin qui mène au développement d'ordinateurs quantiques pleinement fonctionnels et utilisables dans la pratique. Les défis qui nous attendent comprennent la mise à l'échelle des systèmes quantiques, l'amélioration de la tolérance aux pannes et le développement d'algorithmes capables de résoudre des problèmes du monde réel. Malgré ces défis, la démonstration de la supériorité quantique a conforté le domaine et confirmé que l'informatique quantique est une technologie d'avenir réalisable et prometteuse.

Les progrès de la technologie de l'informatique quantique et la démonstration croissante d'applications pratiques indiquent que les ordinateurs quantiques pourraient jouer un rôle de plus en plus important dans différents domaines dans les années à venir, de la science des matériaux à l'optimisation des systèmes complexes en passant par la pharmacie.

Domaines d'application des ordinateurs quantiques

Sciences des matériaux

La science des matériaux représente l'un des domaines d'application les plus prometteurs pour l'informatique quantique. Ce domaine, qui s'occupe de la découverte et du développement de nouveaux matériaux, pourrait bénéficier considérablement des capacités uniques de l'informatique quantique. La complexité de la matière au niveau atomique et moléculaire implique des calculs qui sont soit extrêmement longs, soit tout simplement impossibles pour les ordinateurs classiques. C'est là que les ordinateurs quantiques offrent un avantage décisif.

L'un des problèmes fondamentaux de la science des matériaux est la simulation de systèmes quantiques. Les ordinateurs classiques se heurtent à des limites lorsqu'il s'agit de modéliser avec précision des systèmes contenant plus de quelques dizaines de particules quantiques (électrons et noyaux atomiques). Les ordinateurs quantiques, en revanche, peuvent surmonter ces limites, car ils sont capables de simuler directement les états de la mécanique quantique. En utilisant la superposition et l'intrication quantiques, les ordinateurs quantiques peuvent modéliser des molécules et des matériaux complexes d'une manière qui reflète beaucoup plus fidèlement la nature.

La capacité de simuler avec précision des matériaux au niveau quantique a le potentiel de révolutionner le développement de nouveaux matériaux. Les scientifiques pourraient prédire les propriétés des matériaux sans devoir réaliser des expériences physiques longues et coûteuses. Cela pourrait accélérer la découverte de nouveaux matériaux performants pour l'électronique, la production et le stockage d'énergie, ainsi que pour les produits pharmaceutiques. Par exemple, la recherche de matériaux à haute conductivité pour les supraconducteurs ou les cellules solaires plus efficaces pourrait être considérablement simplifiée.

Développement de nouveaux médicaments

L'application des ordinateurs quantiques dans le domaine de la pharmacie et du développement de médicaments est un exemple du potentiel de transformation que cette technologie possède dans la recherche biomédicale et au-delà.

La capacité des ordinateurs quantiques à simuler les interactions entre les molécules à un niveau fondamental, celui de la mécanique quantique, ouvre des horizons entièrement nouveaux dans la découverte et le développement de médicaments. Cette approche pourrait changer radicalement les méthodes traditionnelles, qui sont souvent longues, coûteuses et sujettes à un taux d'erreur élevé.

De nos jours, le développement de nouveaux médicaments est un processus long et coûteux, qui peut souvent prendre plus d'une décennie et coûter des milliards entre la phase de découverte et la mise sur le marché. Une part importante de ce temps et de ces ressources est consacrée à l'identification et à l'optimisation de substances actives susceptibles d'influencer efficacement des structures cibles spécifiques dans le corps humain. Les ordinateurs quantiques pourraient accélérer ce processus en permettant de passer rapidement au crible un nombre énorme de molécules actives potentielles et de calculer précisément leurs interactions avec des structures cibles biologiques. Cela permettrait non seulement de réduire le temps et le coût de la découverte d'une substance active, mais aussi d'augmenter le taux de réussite dans les premières phases du développement d'un médicament.

Un autre avantage important de l'informatique quantique réside dans la possibilité de comprendre de manière plus détaillée la dynamique des molécules et la complexité des systèmes biologiques. En simulant les propriétés mécaniques quantiques des molécules, les scientifiques peuvent mieux prédire comment un médicament va agir dans le corps, y compris son efficacité et ses éventuels effets secondaires. Cela pourrait faciliter le développement de médicaments plus sûrs et plus efficaces, en aidant à éliminer rapidement les candidats présentant des propriétés indésirables.

Les coûts élevés du développement de médicaments sont en partie dus aux faibles taux de réussite des phases cliniques. En prédisant avec plus de précision l'efficacité et la sécurité des médicaments candidats, les ordinateurs quantiques pourraient contribuer à améliorer ces taux de réussite et donc à réduire les coûts et les risques moyens liés au développement de nouveaux médicaments. À long terme, cela pourrait conduire à un pipeline de médicaments plus diversifié et faciliter l'accès à de nouvelles thérapies pour les patients du monde entier.

Le potentiel des ordinateurs quantiques dans le domaine de la pharmacie et du développement de médicaments est énorme, mais leur réalisation complète est encore à venir. Les ordinateurs quantiques actuels n'en sont qu'à un stade précoce de développement et des progrès supplémentaires dans les technologies quantiques, l'algorithmique et la biologie moléculaire sont nécessaires pour exploiter ces potentiels. Néanmoins, les entreprises pharmaceutiques et les instituts de recherche s'intéressent de près à l'informatique quantique, et les premiers succès obtenus dans la simulation de molécules simples ouvrent la voie à un changement révolutionnaire dans la découverte et le développement de nouveaux médicaments. Les années à venir pourraient apporter des percées décisives qui amélioreront durablement l'efficacité, la sécurité et la rentabilité de la recherche sur les médicaments.

Médecine personnalisée

La médecine personnalisée, adaptée aux facteurs individuels génétiques, environnementaux et liés au mode de vie d'un patient, est au cœur d'un changement révolutionnaire dans les soins de santé.

Les ordinateurs quantiques pourraient jouer un rôle clé dans ce domaine, en élargissant et en accélérant les capacités de la médecine personnalisée. La force unique des ordinateurs quantiques, qui leur permet de simuler des systèmes complexes et d'analyser d'énormes ensembles de données, en fait un outil précieux pour le développement et la mise en œuvre de traitements et de thérapies médicales personnalisés.

L'analyse génétique est un aspect central de la médecine personnalisée. Les ordinateurs quantiques pourraient révolutionner l'analyse du génome humain en réduisant considérablement le temps nécessaire au séquençage et à l'interprétation des données génétiques. Cela permettrait d'identifier plus rapidement les prédispositions génétiques à certaines maladies et de développer des plans de traitement sur mesure, adaptés à la constitution génétique d'un individu.

Les ordinateurs quantiques offrent le potentiel de transformer la découverte et le développement de médicaments en permettant des prédictions précises sur les interactions entre les médicaments et les systèmes biologiques individuels des patients. Cela pourrait conduire à une identification plus efficace de médicaments candidats adaptés au traitement de mutations génétiques spécifiques. De telles thérapies sur mesure pourraient être plus efficaces et entraîner moins d'effets secondaires que les méthodes de traitement traditionnelles.

Le traitement en médecine personnalisée ne repose pas uniquement sur des informations génétiques, mais également sur une multitude de données, dont les facteurs environnementaux, le mode de vie et les antécédents médicaux. Les ordinateurs quantiques pourraient aider à analyser ces ensembles de données complexes afin de créer des plans de traitement détaillés et personnalisés. Grâce à leur capacité à identifier des modèles dans des ensembles de données vastes et complexes, les ordinateurs quantiques pourraient contribuer à améliorer l'efficacité des traitements tout en réduisant les coûts.

Une autre contribution importante des ordinateurs quantiques à la médecine personnalisée pourrait être la simulation de systèmes biologiques complexes. En simulant avec précision les interactions au niveau moléculaire, les ordinateurs quantiques pourraient permettre aux chercheurs de mieux comprendre comment les maladies apparaissent et progressent sur une base individuelle. Ces connaissances pourraient conduire au développement d'outils de diagnostic plus précis et de thérapies personnalisées plus efficaces.

Chimie

La chimie est un autre domaine d'application prometteur pour les ordinateurs quantiques, qui a le potentiel d'entraîner des changements fondamentaux dans la recherche, le développement et la production.

La chimie quantique, qui s'intéresse à l'application de la mécanique quantique aux problèmes chimiques, offre un riche champ d'application pour l'informatique quantique. Les ordinateurs quantiques pourraient être en mesure de résoudre des problèmes inaccessibles aux ordinateurs classiques, élargissant ainsi notre compréhension des processus chimiques au niveau moléculaire et accélérant le développement de nouveaux matériaux et substances.

L'une des plus grandes promesses des ordinateurs quantiques en chimie est leur capacité à simuler avec précision les molécules et leurs réactions. Les ordinateurs classiques atteignent déjà leurs limites lorsqu'il s'agit de simuler des molécules relativement petites, car la complexité des calculs croît de manière exponentielle avec la taille de la molécule. Les ordinateurs quantiques peuvent toutefois représenter les états des molécules de manière naturelle et efficace, ce qui permet d'avoir un aperçu plus précis et réalisable de leurs propriétés et de leurs voies de réaction.

Un autre domaine d'application important est l'étude des catalyseurs et des mécanismes de réaction. Les ordinateurs quantiques pourraient aider à améliorer l'efficacité des catalyseurs et à découvrir de nouveaux processus catalytiques en permettant une compréhension plus approfondie des voies réactionnelles et des barrières énergétiques. Cela pourrait conduire à des processus de production plus efficaces et plus respectueux de l'environnement dans l'industrie chimique.

Comme dans le développement de médicaments, les ordinateurs quantiques peuvent être utilisés dans la recherche chimique pour identifier et optimiser des candidats médicaments potentiels. La capacité de calculer les affinités de liaison et la stabilité des complexes cibles de médicaments au niveau quantique pourrait accélérer la découverte de nouveaux médicaments et thérapies.

Résoudre des problèmes d'optimisation

Les ordinateurs quantiques offrent des perspectives prometteuses pour la résolution de problèmes d'optimisation complexes qui sont difficiles à gérer dans les paradigmes de calcul traditionnels. Leur capacité à évaluer et à optimiser simultanément une multitude de solutions potentielles les rend idéaux pour des applications dans des domaines tels que le transport et la logistique, ainsi que la distribution d'énergie. Ces systèmes sont typiquement caractérisés par une grande complexité et une grande dynamique, et la recherche de solutions optimales représente un immense défi de calcul. Citons à titre d'exemple :

Transport et logistique

Dans le domaine du transport et de la logistique, les ordinateurs quantiques peuvent contribuer à améliorer l'efficacité des chaînes d'approvisionnement, à réduire les embouteillages et à optimiser les réseaux de transport. L'optimisation de ces réseaux nécessite la prise en compte d'un nombre énorme de variables, notamment la planification des itinéraires, l'affectation des véhicules, la gestion des stocks et les exigences des clients. Les ordinateurs quantiques pourraient être en mesure d'analyser ces variables simultanément et de trouver des solutions optimales ou quasi optimales en temps quasi réel. Cela pourrait permettre de réaliser d'importantes économies, d'améliorer le service à la clientèle et de réduire l'impact sur l'environnement.

Un exemple spécifique serait l'optimisation des itinéraires pour les véhicules de livraison afin de minimiser le nombre de kilomètres parcourus tout en garantissant que toutes les livraisons soient effectuées à temps. La réduction du temps total de conduite et de la consommation de carburant permettrait non seulement de diminuer les coûts d'exploitation, mais aussi de réduire les émissions de CO2.

Distribution d'énergie

Dans le domaine de la distribution d'énergie, les gestionnaires de réseau sont confrontés au défi d'équilibrer l'offre et la demande en temps réel tout en garantissant la fiabilité du réseau. Avec l'augmentation de la part des sources d'énergie renouvelables, qui sont souvent volatiles et géographiquement dispersées, cette tâche devient encore plus complexe. Les ordinateurs quantiques pourraient apporter une contribution décisive dans ce domaine en résolvant les problèmes d'optimisation complexes liés à la distribution des ressources énergétiques.

Une application pourrait être l'optimisation du flux d'énergie dans un réseau intelligent afin de maximiser l'efficacité et de minimiser les pertes d'énergie. En tenant compte de facteurs tels que la production d'énergie à partir de différentes sources, les prévisions de consommation, les options de stockage et les conditions météorologiques, les ordinateurs quantiques pourraient aider à optimiser la distribution d'énergie et à améliorer l'utilisation des systèmes de stockage et l'intégration des énergies renouvelables.

Cryptographie et sécurité

Les ordinateurs quantiques et leur impact sur la cryptographie et la sécurité sont à double tranchant. D'une part, ils offrent la possibilité de développer des méthodes de communication extrêmement sûres grâce au cryptage quantique. D'autre part, ils représentent une menace sérieuse pour la sécurité des méthodes de cryptage existantes. Cette dynamique est centrale pour comprendre le paysage futur de la sécurité de l'information.

Cryptage quantique

Le cryptage quantique, en particulier la distribution de clés quantiques (QKD), est une approche avancée de la communication sécurisée qui utilise les principes de la mécanique quantique. QKD permet à deux parties de générer et d'échanger une clé sécurisée sans qu'elle puisse être interceptée par un tiers sans que cela ne soit remarqué. La sécurité du QKD repose sur le principe de la mécanique quantique selon lequel la mesure d'un état quantique modifie inévitablement cet état. Un auditeur qui tenterait d'intercepter la clé modifierait donc l'information quantique et révélerait ainsi sa présence. Les systèmes QKD sont déjà en cours de développement et offrent une méthode de cryptage potentiellement incassable, adaptée aux applications critiques en termes de sécurité, telles que les communications gouvernementales, les communications militaires et la transmission d'informations sensibles dans le secteur financier.

Menaces sur les méthodes de cryptage existantes

La capacité des ordinateurs quantiques à résoudre certains problèmes mathématiques exponentiellement plus rapidement que les ordinateurs classiques constitue une menace sérieuse pour la sécurité de nombreuses normes de cryptage actuellement utilisées. En particulier, les systèmes de cryptographie asymétrique, tels que RSA et ECC (Elliptic Curve Cryptography), qui reposent sur la difficulté de problèmes tels que la factorisation de grands nombres ou le logarithme discret dans les courbes elliptiques, pourraient être efficacement brisés par les ordinateurs quantiques. L'algorithme de Shor, un algorithme quantique capable de résoudre ce type de problèmes en temps polynomial, montre l'ampleur potentielle de la menace. Cela signifie que des informations considérées aujourd'hui comme cryptées de manière sûre pourraient être décryptées à l'avenir grâce au développement de puissants ordinateurs quantiques.

La menace potentielle des ordinateurs quantiques a conduit au développement de la cryptographie post-quantique (PQC), un domaine de recherche visant à développer des méthodes de cryptage qui soient sûres même à l'ère de l'informatique quantique. Les méthodes PQC sont basées sur des problèmes mathématiques qui sont également considérés comme difficiles pour les ordinateurs quantiques. La recherche et la standardisation des algorithmes PQC font actuellement l'objet d'intenses efforts afin de permettre une transition en douceur vers des méthodes de cryptage plus sûres avant que des ordinateurs quantiques puissants ne deviennent largement disponibles.

Finance

Les ordinateurs quantiques offrent des possibilités d'application prometteuses dans le secteur financier, notamment dans les domaines de l'analyse des risques et de l'optimisation des portefeuilles. Cette technologie a le potentiel de changer radicalement la manière dont les institutions financières effectuent des calculs complexes et prennent des décisions, en permettant des calculs d'une vitesse et d'une complexité impossibles à atteindre avec les ordinateurs traditionnels.

Analyse des risques

L'analyse des risques est un élément critique de la gestion financière, qui vise à évaluer l'ampleur et la probabilité des pertes financières. Dans le monde financier moderne, des modèles et des simulations complexes, tels que les simulations de Monte Carlo, sont utilisés pour analyser la distribution des résultats futurs possibles sur la base d'un grand nombre de paramètres d'entrée. Les ordinateurs quantiques peuvent accélérer considérablement ces simulations en exploitant leur capacité à suivre simultanément un grand nombre de chemins de calcul. Cela pourrait permettre aux institutions financières d'effectuer des évaluations de risque plus précises en moins de temps, ce qui pourrait être inestimable, notamment pour l'évaluation du risque de contrepartie, du risque de marché et du risque de crédit.

Optimisation du portefeuille

L'optimisation de portefeuille est le processus de sélection du meilleur mélange d'actifs dans le but de minimiser le risque et/ou de maximiser le rendement attendu, compte tenu de diverses contraintes (telles que le budget, la tolérance au risque, l'horizon d'investissement). Ce problème peut devenir mathématiquement très complexe, en particulier lorsqu'un grand nombre d'actifs sont impliqués, avec des relations complexes et des incertitudes quant à leurs rendements et risques attendus. Les ordinateurs quantiques ont le potentiel de résoudre ces problèmes d'optimisation de manière plus efficace en utilisant des algorithmes capables de parcourir l'énorme paysage de solutions beaucoup plus rapidement que ne le feraient des méthodes d'optimisation classiques. Cela pourrait conduire à de meilleures stratégies d'investissement, plus riches en informations, qui augmenteraient les rendements et minimiseraient les risques pour les investisseurs.

L'application de l'informatique quantique à la finance n'en est qu'à ses débuts et il existe des défis à la fois techniques et pratiques à surmonter. Il s'agit notamment du développement et de la mise à l'échelle du matériel quantique, de l'adaptation et de la création d'algorithmes spécifiques pour les applications financières, ainsi que des questions d'intégrité et de sécurité des données. Néanmoins, de nombreuses institutions financières et entreprises technologiques travaillent déjà sur des projets de recherche et des programmes pilotes afin d'explorer le potentiel de l'informatique quantique dans ce domaine.

L'avenir de l'informatique quantique n

Les développements dans le domaine de l'informatique quantique influencent de nombreux aspects de la science, de la technologie, de l'industrie ainsi que des normes sociales et éthiques. Ces dynamiques se reflètent dans les avancées théoriques et techniques, l'impact sur la science et la technologie, la commercialisation et les applications industrielles, les considérations sociétales et éthiques ainsi que les défis et les solutions envisagées. Nous ne ferons ici qu'évoquer brièvement ces réflexions.

Développement de qubits de topologie

Les qubits topologiques sont considérés comme une voie prometteuse pour la réalisation d'ordinateurs quantiques stables. Ces qubits sont basés sur des états topologiques de la matière qui sont naturellement résistants à de nombreux types de perturbations. Leur développement pourrait réduire la nécessité d'une correction complète des erreurs quantiques tout en augmentant les temps de cohérence des qubits, ce qui est une condition essentielle pour des ordinateurs quantiques utilisables dans la pratique.

Progrès dans la correction d'erreurs quantiques

La correction des erreurs quantiques est essentielle à la réalisation de calculs quantiques fiables. Les progrès actuels visent à développer des codes et des protocoles efficaces capables d'aborder et de corriger la vulnérabilité des systèmes quantiques aux erreurs sans détruire l'information quantique. Ces efforts sont essentiels pour la construction d'ordinateurs quantiques évolutifs et utilisables en pratique.

Révolution dans le traitement des données

Les ordinateurs quantiques promettent de révolutionner le traitement des données grâce à leur capacité à résoudre les problèmes exponentiellement plus vite que les ordinateurs classiques. Cela pourrait avoir des effets transformateurs, en particulier dans la résolution de problèmes nécessitant une énorme puissance de calcul, comme la cryptographie, la science des matériaux et les problèmes d'optimisation.

De nouveaux champs de recherche grâce aux simulations quantiques

Les simulations quantiques permettent d'étudier des phénomènes qui ne peuvent pas être simulés par des ordinateurs traditionnels. Cela ouvre de nouveaux champs de recherche en physique, en chimie et en biologie et permet d'entrevoir des systèmes complexes qui peuvent élargir la compréhension des lois fondamentales de la nature et conduire au développement de nouvelles technologies.

Commercialisation et applications industrielles

La commercialisation progressive des technologies d'informatique quantique par le développement de services et de plateformes basés sur le cloud est une tendance inévitable qui transforme le paysage de l'utilisation de l'informatique quantique. Ces plateformes permettent aux entreprises et aux instituts de recherche d'effectuer des calculs quantiques sans avoir à investir eux-mêmes dans des infrastructures d'informatique quantique coûteuses et complexes. Cela élargit considérablement l'accès à l'informatique quantique et facilite l'intégration des technologies quantiques dans les systèmes informatiques existants.

La mise à disposition de l'informatique quantique via le cloud démocratise l'accès à cette technologie de pointe en permettant aux petites et moyennes entreprises ainsi qu'aux chercheurs du monde entier de travailler à la pointe de la recherche et des applications quantiques. Cette évolution abaisse non seulement les barrières à l'entrée pour l'utilisation de l'informatique quantique, mais favorise également une acceptation et une application plus larges des technologies quantiques dans différentes industries et domaines de recherche.

Les services de calcul quantique en nuage offrent un environnement flexible et évolutif pour l'exécution de calculs quantiques, ce qui est particulièrement important pour les applications nécessitant une puissance de calcul variable. Les utilisateurs peuvent faire évoluer leurs projets de manière efficace, en profitant des avantages en termes de coûts et de la complexité réduite fournis par le cloud. En outre, ces services accélèrent la recherche et le développement dans des domaines qui peuvent bénéficier de l'informatique quantique, comme la science des matériaux, la recherche pharmaceutique et les problèmes d'optimisation complexes.

L'intégration des technologies informatiques quantiques dans les infrastructures informatiques existantes constitue toutefois un défi. Les plateformes en nuage comblent cette lacune en proposant des interfaces et des outils de développement qui facilitent la mise en œuvre d'algorithmes quantiques dans les environnements informatiques classiques. Ces outils sont essentiels pour créer une transition en douceur des ressources informatiques classiques vers les ressources informatiques quantiques et permettent aux développeurs de profiter des avantages de l'informatique quantique sans avoir besoin d'être des experts dans ce domaine.

Malgré les avantages prometteurs, la commercialisation et l'utilisation à grande échelle des ordinateurs quantiques sont confrontées à plusieurs défis, notamment la complexité des algorithmes quantiques, les problèmes de sécurité et les limites techniques des ordinateurs quantiques actuels. Le développement et la compréhension des algorithmes quantiques nécessitent des connaissances spécialisées qui sont actuellement limitées. De plus, la menace potentielle que représentent les ordinateurs quantiques pour les normes de cryptage existantes nécessite une révision des stratégies de sécurité.

Malgré ces défis, les progrès continus de la recherche et du développement, ainsi que la collaboration entre la science et l'industrie, poussent à surmonter ces barrières. La disponibilité croissante des ressources d'informatique quantique et l'évolution des technologies et des algorithmes laissent présager que les ordinateurs quantiques joueront un rôle important dans de nombreux domaines d'application dans un avenir proche, devenant ainsi une partie intégrante de l'infrastructure informatique mondiale.

Coopération entre la science et l'industrie

La collaboration croissante entre les institutions académiques et l'industrie joue un rôle central dans la promotion du développement et de l'application des technologies quantiques. Ces collaborations sont un facteur clé pour combler le fossé entre la recherche théorique et les applications pratiques, et elles ont un impact sur l'accélération de la commercialisation des technologies informatiques quantiques.

En combinant expertise, ressources et intérêts, ces partenariats permettent un transfert plus efficace des connaissances et des technologies du laboratoire vers le marché. Ils facilitent non seulement l'accès de l'industrie aux dernières découvertes et innovations scientifiques, mais offrent également aux chercheurs universitaires la possibilité de comprendre les applications pratiques et les défis de leurs travaux.

Ces synergies sont particulièrement importantes dans un domaine aussi complexe et spécialisé que l'informatique quantique, où les cycles de développement des technologies sont rapides et les exigences en matière d'expertise et d'infrastructure élevées. Les entreprises bénéficient de la recherche avancée et des talents dans les universités, tandis que le monde académique obtient un aperçu précieux de cas d'application réels et des sources de financement supplémentaires grâce aux partenariats industriels.

Ces collaborations vont de projets de recherche communs et du développement de prototypes à des programmes de formation visant à former une nouvelle génération de scientifiques et d'ingénieurs pour travailler dans le domaine des technologies quantiques. En outre, ces partenariats jouent un rôle important dans la formulation de normes et de protocoles pour les technologies quantiques, ce qui est essentiel pour créer un écosystème quantique interopérable et sûr.

En fin de compte, ces collaborations contribuent à façonner le paysage commercial des technologies quantiques en favorisant l'innovation, en élargissant les domaines d'application et en contribuant à la création d'un marché qui soutient l'exploitation économique des ordinateurs quantiques. Cette interaction dynamique entre la science et l'industrie est essentielle pour libérer le plein potentiel des technologies quantiques et réaliser leur effet transformateur sur différents secteurs.

Protection des données et sécurité

Avec l'émergence des ordinateurs quantiques, la sécurité des systèmes numériques et la protection des données sensibles sont confrontées à un défi sans précédent. Ces puissantes machines ont le potentiel de briser les méthodes de cryptage qui sécurisent actuellement la majeure partie de nos communications numériques et de notre stockage de données. Cela crée un besoin urgent de réévaluer et d'adapter les stratégies de protection des données et de sécurité. Dans ce contexte, le développement de la cryptographie post-quantique s'avère crucial. Cette nouvelle génération de cryptographie vise à créer des algorithmes capables de garantir la confidentialité et l'intégrité des informations numériques, même à l'ère des puissants ordinateurs quantiques.

La cryptographie post-quantique représente une approche proactive pour relever les défis de sécurité à venir, en utilisant des problèmes mathématiques considérés comme difficiles à résoudre, même pour les ordinateurs quantiques. Le travail sur de tels systèmes cryptographiques est complexe et nécessite une compréhension approfondie à la fois de la technologie de l'informatique quantique et de l'informatique théorique. Leur mise en œuvre réussie garantira non seulement la protection des communications gouvernementales et financières, mais aussi la sécurité des interactions numériques quotidiennes de milliards d'utilisateurs à travers le monde.

Cette transition vers la cryptographie post-quantique représente un énorme effort de collaboration impliquant des scientifiques, des entreprises technologiques et des régulateurs pour développer et mettre en œuvre des normes qui assureront le progrès numérique tout en améliorant le niveau de protection des données. Le développement et la diffusion de ces nouveaux systèmes cryptographiques prendront du temps, c'est pourquoi il est essentiel que ces efforts soient poursuivis avec vigueur dès maintenant. C'est peut-être ainsi que l'on pourra s'assurer que le monde numérique est prêt pour l'arrivée de l'informatique quantique et que la sécurité et la confidentialité des informations seront préservées dans cette nouvelle ère.

Éducation et marché du travail

Le développement rapide de la technologie quantique aura un impact profond sur le marché du travail en imposant de nouvelles exigences en matière de compétences et de qualifications de la main-d'œuvre. Dans cet environnement dynamique, l'importance de l'éducation et de la formation en informatique quantique et dans les disciplines connexes est de plus en plus évidente. Pour être prêts à affronter les changements à venir, il est essentiel que les établissements d'enseignement et les programmes de formation s'adaptent et s'élargissent afin de répondre aux besoins futurs en main-d'œuvre qualifiée.

La promotion d'une telle éducation ne commence pas seulement par des programmes universitaires spécialisés, mais nécessite également l'intégration de connaissances de base sur les technologies quantiques à des niveaux d'éducation antérieurs. Cela permet de créer une base solide et d'éveiller l'intérêt pour ces domaines prometteurs. Plus largement, la formation continue pour les personnes déjà en activité est essentielle pour permettre à la main-d'œuvre actuelle de se développer et de se recycler dans ce domaine en évolution rapide.

L'impact de la technologie quantique sur le marché du travail présente à la fois des défis et des opportunités. D'une part, le changement nécessite une adaptation proactive des systèmes éducatifs et le développement de nouveaux programmes d'études et de formation. D'autre part, il ouvre la voie à l'émergence de nouveaux métiers et de nouvelles carrières qui ont le potentiel de changer la manière dont nous pensons le travail et l'innovation technologique.

Une étroite collaboration entre les établissements d'enseignement, l'industrie et les autorités gouvernementales sera essentielle pour garantir que la population soit préparée à l'ère quantique. En investissant de manière ciblée dans l'éducation et la formation, nous pouvons créer une main-d'œuvre non seulement préparée aux changements technologiques, mais également activement impliquée dans ces derniers. De cette manière, la transition vers la technologie quantique peut être perçue non seulement comme un défi technique, mais aussi comme une opportunité de croissance et d'innovation.

Surmonter les barrières techniques

La réalisation d'ordinateurs quantiques performants pose des défis considérables à la science et à la technologie, qui ne peuvent être relevés que par une recherche et un développement continus. L'un des principaux obstacles est la vulnérabilité des systèmes quantiques aux erreurs. Les bits quantiques, ou qubits, sont extrêmement sensibles aux influences extérieures, ce qui peut entraîner des erreurs dans les calculs quantiques. Il est donc essentiel de développer des mécanismes de correction d'erreurs efficaces pour garantir des calculs quantiques fiables et précis.

En plus de la correction des erreurs, la mise à l'échelle des ordinateurs quantiques constitue une barrière technique. La capacité à gérer un plus grand nombre de qubits et à les interconnecter efficacement est essentielle pour augmenter la puissance de calcul des ordinateurs quantiques. Cela nécessite des approches innovantes dans la conception physique des ordinateurs quantiques ainsi que dans le développement de technologies permettant une intrication quantique stable et cohérente sur de plus grands systèmes.

Un autre aspect critique est l'intégration des systèmes, c'est-à-dire l'intégration des ordinateurs quantiques dans les infrastructures informatiques existantes. Une intégration sans faille nécessite non seulement le développement d'interfaces et de protocoles compatibles, mais aussi l'adaptation des logiciels et des réseaux existants afin de tirer pleinement parti des possibilités et des exigences uniques de l'informatique quantique.

Surmonter ces défis techniques nécessite un effort multidisciplinaire réunissant l'expertise de la physique, de l'informatique, des sciences des matériaux et de l'ingénierie. Les instituts de recherche, les universités et l'industrie doivent travailler en étroite collaboration pour faire avancer la recherche fondamentale et développer des solutions pratiques pour la construction et le fonctionnement des ordinateurs quantiques.

Malgré la complexité et les difficultés inhérentes au développement d'ordinateurs quantiques, les avantages potentiels incitent fortement à relever ces défis. Grâce à l'amélioration continue des technologies et des méthodes, nous nous dirigeons progressivement vers l'objectif de réaliser des ordinateurs quantiques puissants, qui ont le potentiel de redéfinir les limites du traitement des données et de permettre des avancées dans de nombreux domaines scientifiques et industriels.

Développement de normes et de protocoles

La large application des technologies quantiques dans différents domaines industriels et scientifiques nécessite le développement de normes et de protocoles uniformes. Ces normes sont essentielles pour garantir une compatibilité sans faille entre les technologies quantiques et les systèmes numériques existants, pour minimiser les risques de sécurité et pour assurer une grande fiabilité de la technologie dans les cas d'application les plus divers.

La création de ces normes nécessite un effort coordonné qui dépasse les groupes de recherche et les entreprises individuelles et implique la communauté mondiale des scientifiques, des ingénieurs, des experts industriels et des régulateurs. Cette collaboration est nécessaire pour développer un langage et des pratiques communs qui constitueront la base de l'interopérabilité des technologies quantiques.

L'élaboration de normes comprend non seulement des aspects techniques tels que la définition d'interfaces, de formats de données et de protocoles de communication, mais aussi des politiques de sécurité garantissant la protection des données dans les réseaux quantiques et lors de l'utilisation de services d'informatique quantique. Compte tenu de la capacité potentielle des ordinateurs quantiques à compromettre les méthodes de cryptage existantes, l'introduction de normes de cryptographie post-quantique est un élément critique de ces considérations de sécurité.

La fiabilité est un autre élément clé abordé par les normes. Pour l'utilisation de technologies quantiques dans des applications critiques, comme la médecine, la finance ou la logistique, il est essentiel que les systèmes fournissent des performances prévisibles et soient robustes face aux erreurs. Les normes en matière de correction d'erreurs et de diagnostics de systèmes sont donc d'une importance capitale.

Le développement et la mise en œuvre de normes dans le domaine des technologies quantiques n'en sont bien sûr qu'à leurs débuts, tout comme la technologie elle-même, mais leur importance augmentera au fur et à mesure de la maturation de ces technologies. Des normes uniformes permettront non seulement de stimuler le développement technologique et l'exploitation commerciale des technologies quantiques, mais contribueront également à renforcer la confiance des utilisateurs dans cette nouvelle technologie.

Promotion de l'éducation et du développement des compétences

L'investissement dans l'éducation et le développement des compétences est fondamental pour créer un écosystème solide qui favorise la recherche, le développement et l'application commerciale des technologies quantiques. Un tel écosystème permet d'exploiter pleinement l'énorme potentiel offert par les technologies quantiques, tout en veillant à ce que la société dans son ensemble puisse bénéficier des avancées qui y sont associées.

La mise en place de bases éducatives solides dans les domaines de la physique quantique, de l'informatique quantique et des disciplines connexes est la première étape pour former une nouvelle génération de scientifiques, d'ingénieurs et de techniciens qui soient au fait des défis et des possibilités complexes de ces technologies. Cela nécessite une révision des programmes scolaires à différents niveaux d'enseignement afin de fournir des connaissances de base sur les technologies quantiques et de susciter l'intérêt et la compréhension pour ce domaine.

En outre, les programmes de formation continue spécialisés et les certifications pour les professionnels déjà en activité sont essentiels pour élargir les compétences existantes et les adapter aux exigences spécifiques de la technologie quantique. De tels programmes contribuent à combler l'écart entre les technologies traditionnelles et les nouvelles technologies quantiques et permettent aux professionnels de se perfectionner en permanence et de suivre les progrès rapides dans ce domaine.

En plus de la formation spécialisée, il est important de promouvoir les compétences interdisciplinaires, car l'application des technologies quantiques nécessite souvent une collaboration au-delà des frontières disciplinaires. Des connaissances en informatique, en mathématiques, en sciences des matériaux et dans d'autres domaines pertinents sont indispensables pour résoudre efficacement les problèmes complexes liés au développement et à la mise en œuvre des technologies quantiques.

L'investissement dans l'éducation et le développement des compétences est également essentiel pour encourager l'exploitation commerciale des technologies quantiques. Un réservoir de talents bien formés est une condition préalable à la création et à la croissance de start-ups et d'entreprises qui développent, appliquent et commercialisent des technologies quantiques. Cela contribue à son tour à la création d'emplois, au renforcement de l'économie et à la préservation du leadership technologique dans ce domaine en pleine expansion.

En fin de compte, les investissements dans l'éducation et le développement des compétences ne sont pas seulement des investissements dans le développement de la carrière individuelle, mais aussi dans l'avenir social et économique. Un écosystème solide soutenant la recherche, le développement et l'application des technologies quantiques est essentiel pour concrétiser les nombreux avantages que ces technologies offrent et pour rester compétitif au niveau mondial.

Conclusion

Globalement, l'informatique quantique est à l'aube de changements profonds dans de nombreux domaines. Il sera essentiel de relever avec succès les défis techniques et sociétaux afin de libérer tout le potentiel de cette technologie et d'obtenir un impact positif sur la science, la technologie, l'économie et la société.

La prévision d'une date précise pour une percée dans l'informatique quantique reste un défi, car elle dépend d'un grand nombre de facteurs technologiques, scientifiques et financiers qui évoluent rapidement. Bien que des progrès considérables aient été réalisés ces dernières années dans le domaine de l'informatique quantique, une percée décisive qui rendrait l'informatique quantique supérieure pour un large éventail d'applications reste à faire.

Le développement et l'amélioration des qubits, qui constituent les unités de base des ordinateurs quantiques, ainsi que les progrès en matière de correction d'erreurs quantiques, sont des défis techniques essentiels qui doivent encore être surmontés. La résolution de ces problèmes est essentielle pour créer des ordinateurs quantiques utilisables dans la pratique, capables d'effectuer des calculs complexes dépassant largement les capacités des ordinateurs classiques actuels.

La recherche dans le domaine de l'informatique quantique bénéficie d'investissements croissants, tant de la part du secteur public que du secteur privé, ce qui accélère le développement de cette technologie. Ce soutien financier souligne la confiance dans le potentiel de l'informatique quantique à apporter des changements transformateurs dans divers domaines tels que la science des matériaux, la pharmacie et les problèmes d'optimisation complexes.

Bien que certaines entreprises aient déjà annoncé avoir atteint la soi-disant supériorité quantique pour des tâches spécifiques, l'application générale des ordinateurs quantiques, qui surpassent les ordinateurs classiques dans tous les domaines, est encore loin. Les experts sont prudemment optimistes quant à la possibilité de percées significatives dans l'informatique quantique au cours de la prochaine décennie dans des applications spécialisées, mais une percée globale qui rendrait les ordinateurs quantiques universellement utilisables pourrait être encore éloignée de deux décennies ou plus.

Cependant, la dynamique des progrès de l'informatique quantique est difficile à prévoir et des percées scientifiques inattendues pourraient accélérer les calendriers de développement. La recherche et le développement continus dans ce domaine sont essentiels pour surmonter les défis existants et réaliser le plein potentiel de la technologie quantique.

C'est pourquoi l'avenir de l'informatique quantique reste un domaine passionnant, dont la chronologie est flexible et adaptable aux nouvelles découvertes et avancées technologiques, mais qui échappe à toute prévision concrète.